DIRECTOIRE

DES

PROFESSEURS DU PETIT-SÉMINAIRE

DE FELLETIN

(DIOCÈSE DE LIMOGES)

BAR-LE-DUC

TYPOGRAPHIE DES CÉLESTINS — BERTRAND

36, RUE DE LA BANQUE, 36

—

1876

DIRECTOIRE

DES

PROFESSEURS DU PETIT-SÉMINAIRE

DE FELLETIN

(DIOCÈSE DE LIMOGES)

BAR-LE-DUC

TYPOGRAPHIE DES CÉLESTINS — BERTRAND

36, RUE DE LA BANQUE, 36

—

1876

Chers Confrères,

J'ai réuni, comme en un tableau, ce que nos maîtres ont fait avant nous, ce que vous faites vous-mêmes, pour le bien de nos enfants et leur complète éducation. Je vous l'offre au nom de Monseigneur, au nom de Notre-Dame de la Première-Communion. Puissé-je vous aider ainsi dans notre grande Œuvre, comme vous me secondez vous-mêmes, et contribuer à faire de plus en plus de notre cher Felletin une maison aux nobles et fortes traditions.

C'est le vœu de

Votre ami et confrère,

P.-G. P.

PREMIÈRE PARTIE

DIRECTIONS GÉNÉRALES

CHAPITRE I.

RAPPORTS GÉNÉRAUX.

Les prêtres voués à l'enseignement ont, à leur titre de professeurs, des rapports avec Dieu, — entre eux, — avec M. le supérieur, — avec les enfants, — avec les parents, — avec le personnel des domestiques.

I. — Avec Dieu.

Les rapports avec Dieu d'un prêtre chargé de l'éducation des enfants doivent être ceux d'une piété sérieuse, — vivante, — intérieure. Rien ne comblerait cette lacune. Plus le travail extérieur absorbe, plus il est urgent de fortifier son âme avec Dieu, de garder la vie intérieure.

Quoi qu'il arrive, il ne faut jamais s'oublier soi-même et délaisser sa propre sanctification. Sans l'attention à se recueillir l'action sera moins féconde, — moins pénétrante, — toute humaine.

La piété, d'ailleurs, est un contrepoids nécessaire à des ennuis, à des déceptions, à des dégoûts inévitables.

Elle seule met dans l'âme cet amour surnaturel, ce *cœur de Dieu*, qui, rayonnant au dehors, gagne et conserve la confiance. Elle seule inspire cette patience qui ne se rebute pas, ce dévoûment qui ne se lasse pas, cette flamme divine qui ne s'éteint pas, cette onction, qui, dans les entretiens familiers avec les enfants, au confessionnal, au catéchisme, en classe, en récréation, nourrit leurs âmes, les fortifie, les ranime, leur fait sentir la présence de Notre-Seigneur.

Les exercices de piété d'une importance majeure sont l'oraison exactement faite, la sainte messe pieusement célébrée, la lecture spirituelle, l'examen de conscience, la visite au Saint-Sacrement, le chapelet, la retraite du mois, la retraite annuelle.

MM. les professeurs prennent leur part des prédications en usage dans la maison; ils évitent, d'autre part, de se laisser jeter dans le courant de ce ministère au dehors, de peur que cette fonction ne les détourne de l'application à leur œuvre essentielle.

II. — Entre professeurs.

Il n'y a point à insister avec des prêtres sur le caractère des rapports qu'ils doivent avoir entre eux. Ces rapports seront toujours empreints non-seulement de bienveillance, mais d'une charité puisée au cœur de Notre-Seigneur.

Jamais les élèves ne surprendront même un *signe* qui puisse paraître la censure d'un maître par un maître. Une parole, une insinuation défavorable à un confrère, proférée par un professeur devant les élèves ou les personnes du dehors, serait une lâcheté indigne et une mauvaise action à l'égard de l'œuvre commune.

La réserve sur ce point *essentiel* ne suffit point à des professeurs d'une même maison. « Ils doivent avoir les uns pour les autres une vraie confiance, se consulter volontiers, s'avertir cordialement de leurs négligences, se faire part de leurs bonnes idées et tout en s'occupant spécialement chacun de sa chose, ne pas craindre d'empiéter sur la juridiction d'un autre, quand il y a urgence, ou simplement besoin et utilité ». (Mgr Dupanloup.)

Les traditions de la maison par rapport aux services à se rendre, aux suppléments à porter, sont celles de la plus affectueuse confraternité. Chacun tiendra à conserver et à transmettre ce pieux héritage.

Une des œuvres de condescendance fraternelle les plus utiles à la maison que puissent accomplir MM. les professeurs est de se prêter, dans la distribution des surveillances, à une combinaison qui ne surcharge point les nouveaux professeurs, à leur première année.

MM. les professeurs prennent place entre eux selon leur rang d'ancienneté dans le professorat, et, en cas d'égalité sous ce rapport, selon leur ordre ecclésiastique; ce rang ne sert pas de point de départ dans la distribution des classes.

Si chaque professeur en particulier a droit à des égards de la part de ses confrères, la maison est un corps moral que la conscience d'un prêtre équitable, attentif et dévoué, évitera scrupuleusement de blesser.

Il est donc d'une souveraine importance de mesurer assez son langage pour ne lui point nuire, de n'en jamais diminuer l'estime par des appréciations défavorables. Une parole imprudente ou légère, sortie des lèvres d'un professeur, fera souvent beaucoup plus de mal qu'il ne croit, et le chargera d'une responsabilité fort grave aux yeux de Dieu et de ses confrères dont il compromet les efforts.

III. — Avec M. le supérieur.

Le supérieur d'une maison d'éducation sérieuse sera toujours disposé à entendre les communications de ses confrères. Il doit les soutenir dans leur tâche : ils l'aident à porter la responsabilité de cette œuvre.

Il importe à leur autorité qu'ils ne fassent point intervenir la sienne sans un sérieux motif. Leurs renseignements, toujours empreints de la plus paternelle condescendance pour la faiblesse des élèves, ne l'exposeront jamais à dépasser la mesure de la répression due à l'acte signalé.

Ils l'entretiendront de la marche générale de leur classe, ou de l'ensemble de leur surveillance, et lui donneront les détails de nature à éclairer son opinion sur chaque élève en particulier.

Un supérieur aura toujours des défauts ; malgré sa bonne volonté, il commettra des fautes, prendra des mesures qui pourront ne pas sembler à tous les maîtres les meilleures. Ils se souviendront que l'indulgence est promise à celui qui juge avec indulgence, et ils ne se laisseront jamais aller à la tentation, regardée comme grave par les règles de toutes les communautés, et signalée même aux élèves, de mettre en commun leurs malaises et leurs regrets.

« Que tout directeur, que tout professeur soit bien convaincu de ceci : c'est qu'on fait plus de bien en secondant le supérieur dans la direction qu'il donne à la maison, qu'en voulant suivre ou donner soi-même une direction opposée, fût-elle meilleure ». (Mgr Dupanloup.)

IV. — Avec les élèves.

Les rapports des maîtres avec les enfants sont déterminés à peu près complètement par les règles des surveillances particulières. Il convient cependant de signaler ici les vertus capitales qui doivent être familières à un homme d'éducation. — Ces directions sont empruntées presque textuellement à Mgr Dupanloup.

1º La FERMETÉ. — Avoir des pensées réfléchies et prudentes ; bien savoir ce qu'il faut vouloir. — Et ce qu'on veut sagement, le vouloir avec modération sans doute, mais avec résolution.

Ne laissez jamais mépriser votre droit. — On peut pardonner des fautes de légèreté, d'inadvertance, et même des fautes plus graves ; mais les manques de respect, les fautes contre le droit de l'autorité, jamais.

Ne laissez jamais languir votre action, c'est-à-dire ne laissez jamais commettre devant vous une faute même légère, sans faire sentir de quelque manière à l'enfant ce qu'il devait faire et ce qu'il a fait.

Ne cédez jamais rien par faiblesse aux caprices des enfants ; il faut céder quelquefois, mais que l'élève ne sente pas de faiblesse sous la concession.

2º La BONTÉ. — La bonté rend patient ; c'est une des grandes vertus d'un bon maître, l'œuvre de l'éducation étant surtout une œuvre de *patience*, de *tendresse*, et de *continuel encouragement*.

Elle est le tempérament et l'auxiliaire de la fermeté : *elle doit en être l'âme*. Rien par humeur, par caprice, par violence ; pas de raideur qui comprime et écrase. La fermeté qui doit être bonne sans faiblesse, patiente, sans compromis avec l'ordre, inspire aux enfants la *confiance*, ce grand élément de la formation morale.

Il est capital d'éviter tout excès, tout emportement, de se montrer toujours calme, raisonnable.

Quintilien défendait déjà aux maîtres païens d'être, à l'égard de leurs élèves, *offensants et moqueurs*, et Rollin flétrit, comme l'effet d'une éducation basse ou de la grossièreté d'esprit, l'emploi des termes *injurieux* dont on se sert quelquefois pour humilier les écoliers. Ces propos les irritent, et rapportés au dehors, donnent d'un maître une très-triste idée qui éloigne les familles bien élevées.

Quelque faute que commette un enfant, MM. les professeurs ne le frapperont jamais.

3° Le DÉVOUEMENT. — Amor, non timor, magister officii. — Tanquam si nutrix foveat filios suos. — Sicut gallina congregat pullos suos sub alas. — Sinite parvulos venire ad me. — Avoir un cœur paternel, s'intéresser à tout ce qui concerne les enfants, leurs progrès, leurs défauts, leurs relations, leurs joies, leurs tristesses ; être particulièrement bon pour les timides, les faibles de la classe. Il y a presque toujours dans les enfants un côté par où on peut les faire réussir, il faut s'appliquer à le saisir.. Jamais une préférence basée sur la condition de fortune ou l'extérieur.

C'est particulièrement au début de l'année scolaire qu'il est à propos de s'étudier à remplacer auprès des enfants la famille absente; mais ils doivent en tout temps se sentir aimés. — Soyez pères ; ce n'est pas assez, *soyez mères*.

« Portez-vous de toute votre âme, non point seulement à ce qui doit couvrir votre responsabilité, mais à tout ce qui peut améliorer, exciter, échauffer, purifier, ennoblir ce cœur d'enfant confié à votre cœur de père ». (L'abbé Poullet.)

« Pour savoir si on est appelé au ministère de l'éducation, qu'y a-t-il à faire? Une seule chose : consulter son cœur, et se demander si on aime les enfants, si on a quelque étincelle de l'amour de Notre-Seigneur pour les enfants. Si on reçoit de son âme une froide réponse, il faut se retirer ». Mgr Dupanloup.)

Une des obligations les plus impérieuses et les plus douces de cette loi de dévouement, c'est de prier souvent pour les enfants, pour ceux dont est particulièrement chargé, pour tous.

4º Le DISCERNEMENT. — Il faut étudier attentivement chaque nature ; pour cela, voir les enfants de près, les surprendre en quelque sorte, puis s'appuyer avec circonspection et zèle sur les bons côtés, écarter les mauvais.

Le discernement empêche l'affection du maître de *descendre à l'intimité;* il la garde respectueuse et proscrit toute confidence sur les affaires de la maison, sur les confrères, etc.

5º L'INTÉRÊT. — « Le grand moyen de l'éducation c'est d'être toujours avec les enfants, de s'identifier avec eux, non-seulement pour le travail, l'étude, la surveillance, la classe, mais pour tout le reste et dans tous les détails de leur vie scolaire.

« La *récréation*, la *prière*, le *chant des louanges de Dieu*, voilà sans contredit pour vous, avec les études et les classes, les trois meilleures occasions de ne faire avec vos chers enfants, et entre vous, qu'un cœur et une âme... Mais d'abord les récréations : c'est là où il faut avant tout vous identifier avec les enfants, jouant avec eux et les faisant jouer... Croyez-moi, lorsque je vous dis que c'est par là que l'on gagne le cœur, par là qu'on montre la bonté et qu'on la rend aimable, par là que se préparent tous les plus heureux succès, par là qu'on se fait pardonner toutes les justes sévérités ». (Mgr Dupanloup.)

6º La RÉSERVE. — Les professeurs ne reçoivent que très-rarement, et pour de très-bonnes et très-évidentes raisons, les élèves, même de leur classe, dans leurs chambres. Ils ne peuvent les employer, pour eux, à un travail qui demande un certain temps, sans l'autorisation de M. le supérieur.

Les professeurs s'abstiennent de toute démonstration, de toute caresse qui sentirait la mollesse ; l'affection, pour être sincère, n'a pas besoin de renoncer à être grave. L'attention des enfants, si on ne s'observe, est bien vite éveillée à cet endroit, et leur petite malice court à des interprétations très-nuisibles à l'action du maître.

Les professeurs ne doivent jamais donner aucune friandise aux élèves. Il leur est défendu, à plus forte raison, de rien leur offrir dans leur chambre.

Le tutoiement est d'un mauvais goût, déplaît souvent aux enfants ou aux familles, fait causer les élèves, et doit être écarté.

Lorsque les élèves souhaitent les fêtes de leurs maîtres, il convient que tout se fasse avec simplicité et cordialité, durant la classe du soir.

Si le professeur ne veut point mettre les élèves sur la pente du manque de respect, il évitera les propos familiers, les plaisanteries, les airs de bon enfant, et se gardera d'engager aucune altercation en public.

V. — Avec les Parents.

Les maîtres remplacent les parents auprès des élèves ; ils s'aideront de leur souvenir et de leur autorité comme d'un moyen excellent. Ils leur donneront des détails précis sur le travail, évitant de les décourager cependant tant qu'il y a un reste d'espoir, et ne leur laissant aucun doute sur leur bienveillance.

Même quand il faut accuser, ils le font avec une modération attentive à ne point blesser la famille dans l'enfant.

Ils évitent de donner à une famille des renseignements défavorables sur un élève appartenant à une autre famille.

Bien qu'il y ait souvent convenance pour le professeur, et intérêt pour la maison, à accepter les politesses des parents, il est ordinairement plus sage d'éviter de se faire l'obligé d'une famille dont on a ou dont on va avoir l'enfant dans sa classe.

VI. — Avec les Domestiques.

Il est juste de ne demander aux domestiques aucun service qui les éloigne de leur emploi officiel. C'est à la personne chargée de la chambre, ou au commissionnaire de la maison, qu'on s'adresse de préférence pour les commissions à faire au dehors.

Si un professeur a des besoins particuliers de santé, il ne doit pas hésiter à s'entendre avec M. l'économe. Cette ouverture simple et fraternelle est bien plus conforme à l'esprit de famille, et bien plus digne d'un bon prêtre, qu'un sourd malaise et des plaintes à propos du régime et de la tenue de la maison.

Les professeurs ne se font point servir de repas dans leur chambre, sauf le cas d'indisposition ou de réception d'un membre très-proche de leur famille.

Chacun voudra bien se souvenir, en ce qui regarde la préparation des aliments, que le régime d'une table nombreuse ne saurait aller également et toujours à tous les goûts.

CHAPITRE II.

PRINCIPES GÉNÉRAUX DE SURVEILLANCE.

Rien ne supplée à la surveillance.
Les sorties et rapports extérieurs ne doivent jamais avoir lieu au préjudice des devoirs et fonctions à remplir. MM. les professeurs ne sortent donc point, à des heures où ils doivent être présents à un exercice, sans l'agrément de M. le supérieur, et sans s'être fait remplacer convenablement, s'ils ont une surveillance à exercer.

Ils ne peuvent rester hors de la maison après neuf heures du soir ; à ce moment la porte est fermée et la clef remise chez M. le supérieur. Lors même qu'ils ne sont retenus dans la maison par aucun devoir professionnel, un règlement épiscopal les avertit qu'ils ne peuvent s'absenter sans prévenir M. le supérieur.

Il faut éviter d'attirer les personnes étrangères à la maison, de parler haut dans le temps et près des salles où les élèves sont en silence.

Il ne peut être admis que deux ou plusieurs élèves soient laissés *seuls*, dans la chambre d'un professeur ou ailleurs, sous prétexte qu'on les croit sûrs.

Quand un professeur a besoin d'une section d'élèves en dehors de l'ordre général, par exemple pour une répétition de musique, une pièce, etc., il en obtient l'autorisation de M. le supérieur à qui il remet la liste de ces élèves, et prend par là même l'engagement d'exercer une vigilance attentive sur ce groupe. La négligence en pareil cas peut avoir les plus tristes conséquences.

Quand on est chargé d'une présidence, c'est une règle fondamentale qu'on reçoit les enfants au sortir de l'endroit où ils se trouvent et qu'on les surveille jusqu'à ce qu'on les confie à un autre président. Il ne doit jamais y avoir de lieux ni de moments non surveillés.

On ne reçoit jamais un élève à un exercice commencé, sans un billet constatant le motif du retard. En cas d'absence d'un élève à un exercice, on ne suppose jamais, sauf l'évidence, qu'il a une raison d'y manquer ; il faut prévenir toujours immédiatement M. le supérieur, si l'on n'a pas la certitude complète qu'il est déjà renseigné.

Dans toutes les présidences, études, classes, exercices religieux, on doit exiger que les élèves attendent et suivent rigoureusement, pour se lever, s'asseoir, se mettre à genoux, le signal du maître.

Le renvoi d'un exercice doit être rare et toujours immédiatement signalé à M. le supérieur.

Le professeur qui connaît la nature des enfants tiendra grand compte, dans son action, des circonstances où il a à l'exercer. Rien n'est mobile et impressionnable comme les enfants : une variation dans la température, un orage, le retour du printemps, le voisinage d'une fête, une sortie, quelquefois même la joie qui suit le repos de la conscience retrouvée, suffit à les mettre en mouvement. C'est alors surtout que, sans rien céder de son autorité, il faut savoir l'exercer avec prudence et varier son action.

Un point capital dans la surveillance, c'est *l'exactitude*, une exactitude inviolable, prompte, immédiate, instantanée : « Des enfants vont en classe, dit Mgr Dupanloup, que le professeur n'arrive qu'une minute après eux, cette minute peut mettre toute la classe de travers pour huit jours ». Il en est de même pour tous les exercices

Il est aussi essentiel qu'il y ait *unité* dans la direction et la répression, que l'un ne permette pas ce que l'autre défend. Pour cela, rien n'est plus simple que l'application du règlement, même dans ses prescriptions les plus minutieuses. Il n'y a de vraie force, d'ordre, et d'autorité, dans une maison, qu'à cette condition.

Toutes les fois qu'un professeur a une surveillance à exercer, il doit s'y interdire toute occupation qui pourrait le distraire de l'attention requise.

Tous les maîtres doivent assister, en habit de chœur, à la messe de communauté, les jours de dimanche et de fêtes, ainsi qu'aux saluts solennels, comme ceux de l'octave de la Fête-Dieu, etc. Ils assistent également à tous les exercices généraux de piété, sauf la messe de communauté pendant la semaine.

MM. les professeurs doivent se rendre aux réunions générales indiquées par M. le supérieur, à la maison de campagne, aux séances accadémiques, etc.

Le 1er dimanche de chaque mois, à moins qu'une autre date ne leur soit indiquée, MM. les professeurs remettent la note écrite de leurs observations en bien et en mal sur les études, la discipline, la religion, à M. le supérieur, et sur l'économat, à M. l'économe. Le professeur surveillant la récréation en fait autant le dimanche qui suit sa semaine. Si quelqu'un n'a point de notes à donner, il le dit par écrit. En tout temps, ils donnent la note écrite des désordres survenus et qui auraient besoin d'une prompte répression.

CHAPITRE III.

DE L'AUTORITÉ ET DE SON EXERCICE.

« Sans autorité, il est impossible qu'on fasse aucun bien dans une classe », ajoutons : dans l'œuvre de l'éducation.

« Ce n'est point par des airs de fierté et de hauteur, ce n'est point par la réputation d'une sévérité outrée que vous vous ferez considérer. Un air sérieux, doux et modeste, mais toujours égal, un visage ouvert, mais qui n'a rien de trop libre ni de familier, rien ne contient mieux les enfants.

« Ce qui gâte tout, c'est un homme qui agit par ressort ou par caprice, qui souffre tout aujourd'hui et qui demain punit tout; c'est un homme qui passe tout aux uns et qui ne pardonne rien aux autres.

« N'attaquez pas toute la classe en général, ou toute la section soumise à votre surveillance, lorsqu'il est arrivé quelque faute ». (P. Judde.)

Quand on laisse voir la préoccupation d'être un homme ayant autorité, on l'acquiert bien difficilement, ou on la perd. L'autorité est comme le chêne : il faut que le maître en ait le germe dans un ensemble de qualités sans lesquelles elle lui sera impossible, elle demande un milieu convenable, et se forme peu à peu. — On se fatigue inutilement à la vouloir trop tôt complète.

Il ne faut jamais compromettre son autorité avec un enfant évidemment disposé à résister, mais déférer alors la situation à M. le supérieur. C'est, du reste, une règle de prudence de ne point pousser un écolier lorsqu'on le voit prêt à s'emporter. Il y a tout à gagner alors à l'ajourner à une entrevue particulière et un peu plus tard.

« Pour se faire accepter, il faut encore être plus porté à récompenser qu'à punir », — agir avec prudence et circonspection, — bien convaincre les élèves, par l'ensemble de sa conduite, qu'on veut leur bien.

Il y a, on ne saurait trop le redire, deux excès également à éviter : ou la dureté qui ne pardonne rien, qui demande une perfection impossible à l'enfant, ou la faiblesse qui ferme les yeux sur les premiers désordres et leur laisse ainsi l'occasion de se développer. C'est entre ces deux écueils que l'on marche à l'autorité.

« Lorsque l'autorité agit seule, elle peut bien contraindre les coupables, mais elle ne les corrige pas ». Elle doit donc s'allier à la douceur de Notre-Seigneur.

Sit rigor, sed non exasperans, sit amor, sed non emolliens. (S. Grég.)

Il ne faut pas abuser des punitions. La crainte en est ordinairement plus efficace que l'application. Les punitions au réfectoire sont graves puisqu'elles doivent être signalées par l'élève à M. le supérieur. Celles qui prennent sur l'estomac demandent une discrétion particulière et peuvent donner lieu à des récriminations plus ou moins fondées de la part des familles.

Il en est de même de celles qui exposent un enfant à l'intempérie de la saison ou à une privation trop absolue de mouvement.

La correction religieuse, les pénitences morales, les réprimandes, les châtiments paternels, sont bien préférables, tant qu'ils réussissent, à la punition matérielle. Quand cette dernière est trop fréquente, ou trop prolongée, elle rebute, elle irrite, elle écrase, elle ne corrige plus. Si on en est réduit à donner un travail à écrire pendant la récréation, il faut le donner court, en exigeant qu'il soit fait avec soin, et préférer un travail qui instruit au travail matériel qui dégoûte et n'apprend rien.

La punition doit être donnée avec réflexion et mesure, possession de soi-même, et, autant que possible, en dehors de la première émotion. « Ne reprenez jamais un enfant ni dans son premier moment, ni dans le vôtre », a dit Fénelon.

On doit tenir à ce que la punition soit faite dans les conditions données, sauf le cas d'une condonation, rare surtout au début, accordée à la demande de l'élève.

Les avis touchant les punitions sont bien résumés dans les règles suivantes.

1° Attention à prévenir les fautes. — 2° Ne point menacer sans réflexion, éviter surtout les menaces générales. — 3° Moins punir que menacer. — 4° Être exact à tenir ce qu'on a promis, soit comme châtiment, soit comme récompense. — 5° Ne punir que pour de vrais sujets. — 6° Se posséder en punissant. — 7° Savoir discerner entre les inadvertances et les fautes, et proportionner la punition à la faute. — 8° Se souvenir qu'on peut bien souvent reprendre et corriger sans punir. — 9° Ne jamais se laisser entraîner, par la résistance d'un élève, à une sorte de défi où l'on grossit sans mesure la punition. — 10° Ne pas se faire de honte de revenir sur ses pas quand on s'est trompé et savoir accepter une explication. — 11° Consulter, si on peut pressentir les difficultés, des confrères expérimentés et sages.

CHAPITRE IV.

DE LA SURVEILLANCE GÉNÉRALE.

La surveillance *générale* incombe à tous les maîtres, ils ne peuvent jamais être censés autoriser un manquement à l'ordre. La prudence indiquera à chacun ce qu'il peut tolérer dans un cas donné, et la manière dont il est le plus avantageux d'arriver à la répression convenable.

Si un professeur connaît un fait d'une certaine importance, propre à éclairer l'action de M. le supérieur, il doit l'en informer, à moins que le fait ne lui paraisse offrir aucun danger de scandale, et qu'il ne puisse le réprimer suffisamment lui-même.

Partout où se fait un mouvement général des élèves, les professeurs les plus rapprochés, et ceux qui se trouvent sur le passage, aident à la surveillance de ce mouvement. Cette observation s'applique tout particulièrement au passage des élèves dans les corridors et à la montée et à la descente des dortoirs.

On ne tolère jamais qu'un enfant soit en dehors de l'ordre commun sans s'assurer qu'il en a la permission.

La surveillance des professeurs doit s'étendre à tout, la propreté de l'élève et le soin des livres et objets à son service, sa santé, son éducation, son langage, sa tenue, ses habitudes d'économie. C'est par le concours de toutes ces attentions que se forme la vie. Si chacun n'est convaincu que c'est *son affaire*, il y a des détails très-importants dont personne ne s'occupe, et l'œuvre se fait incomplètement.

Les rapports avec les externes et les communications avec le dehors, la piété, la moralité, l'ordre, la politesse, sont tout particulièrement et très-essentiellement du domaine de tous.

Afin de conserver dans la maison une parfaite régularité, quelques charges supplémentaires, quelques surveillances momentanées peuvent être établies au besoin. Chacun se prête avec zèle à les remplir.

Il en est de même des surveillances qu'il a toujours été de tradition de laisser à la spontanéité des maîtres, sans que jamais on y ait manqué, comme aux réunions dans la salle pour une pièce, une séance, etc. Quelques professeurs ont soin de se placer près des élèves. Il en est de même dans tous les cas où on peut supposer sa présence utile.

CHAPITRE V.

DE LA PRÉSIDENCE DES EXERCICES RELIGIEUX.

Les présidents de ces exercices arrivent *toujours* les premiers, veillent à ce que la rentrée se fasse avec ordre et silence, font saluer l'autel, établissent l'uniformité dans les mouvements. Ils doivent avoir la liste officielle des placements des élèves, veiller à ce que personne ne change à son gré, et faire faire par le maître chargé de ces placements les changements jugés nécessaires, sans y procéder eux-mêmes.

Aux surveillances de s, les présidents se placent un de chaque c à la ch le intérieure, ils ne se mettent point en fac un de l'autre.

Les points à reprendre le plus souvent sont les suivants : se dissiper, tourner la tête vers la nef ou derrière soi ; s'étendre ou s'appuyer nonchalamment devant soi sur les bancs, couvrir le parquet de crachats, se croiser les jambes, rester courbé entre les élévations, rire, causer, etc.

On ne souffre jamais que des élèves aient, à un exercice religieux, les mains pendantes ou dans leurs poches ; quand ils n'ont point un livre à la main, ils se tiennent les bras croisés. Cette règle s'applique à toutes les prières de la journée, *Veni sancte, Chapelet,* etc., etc.; il faut y tenir.

A la messe, ils doivent tenir un livre ou le chapelet ; aux dimanches et fêtes, les seuls livres reçus sont les paroissiens et les livres de chant ; à la messe de semaine, le manuel et le livre de cantiques admis dans la maison. A la messe basse, on est à genoux jusqu'à l'Introït, du *Sanctus* à la communion, et après les dernières oraisons ; assis, de l'Introït à l'Évangile ; et debout, le reste du temps. Aux offices solennels on suit les indications de celui qui préside.

La correction des divers manquements dans ces exercices doit se faire par signe ou à voix basse, autant que possible, en ajournant ordinairement après l'exercice les admonestations plus sévères et les punitions. La récitation du bréviaire a toujours paru difficile à concilier avec l'attention nécessaire à une surveillance sérieuse

Après le *Sub tuum*, les jours de semaine, le second surveillant de la messe va se placer au bas de l'escalier et surveille le défilé de la cour ; le premier se tient à la tête de l'escalier, à moins qu'il ne reste personne à la chapelle pour présider à la sortie.

Pour la communion à l'église, on sort au milieu du chœur de chacun des bancs qui se font face, et on rentre à l'autre bout. Il en est de même pour diverses fonctions de l'année, comme les cendres, etc. A la chapelle, tous les élèves d'un même côté sortent d'abord banc par banc, en commençant par les plus éloignés, sur une seule ligne.

A la fin des exercices, les externes sortent les premiers, les pensionnaires ensuite, en saluant deux à deux. C'est l'ordre inverse à la rentrée.

On ne permet aux élèves d'aller aux chapelles, pour une dévotion particulière, que dans les conditions approuvées par M. le supérieur.

CHAPITRE VI.

DE LA PRÉSIDENCE DE L'ÉTUDE.

M. le président d'étude sera toujours arrivé le premier.

Il exige, dès le début, le silence rigoureux en entrant à l'étude, il y tient constamment; il récite la prière seulement quand tout est dans le plus profond silence, lentement, gravement ; il ne permet pas qu'on s'occupe de quoi que ce soit durant ce temps ; les bras sont croisés.

Il faut exiger le *silence* et le *travail* absolument et toujours.

Un moyen essentiel pour obtenir ce double résultat, c'est de placer avec habileté les enfants, en prévenant tout rapprochement funeste, en fortifiant les faibles par les forts.

C'est un point capital de ne jamais élever la voix pour rien qui ressemble à une allocution. Un signe, un mot bref, toujours avec convenance, et c'est tout.

« Quant à reprendre publiquement un enfant ou un désordre particulier, on ne le fera jamais sans une circonstance extraordinaire ». (Mgr Dupanloup.)

Aucune explication ne doit être reçue de l'élève parlant à haute voix et de sa place. Il pourra même rarement être admis à la chaire du professeur ; les explications sont remises à une autre heure.

M. le président d'étude doit très-difficilement permettre aux élèves de parler à leurs voisins ou de se passer quelques objets.

Un de ses devoirs et une de ses fonctions les plus utiles, c'est de visiter très-souvent, au commencement de chaque étude, les enfants des dernières classes et les paresseux des autres classes, pour les mettre en train, s'assurer qu'ils ne manquent de rien et les empêcher de demeurer oisifs. Il faut les revoir encore au milieu de l'étude, avoir toujours les yeux sur eux, les noter de temps en temps, et quelquefois tous les jours, auprès de leur professeur. Cette inspection toutefois suppose que le président est maître de son étude, et il doit veiller avant tout à y garder l'ordre.

On exige que les élèves soient découverts à leur place, sauf permission, et toujours en entrant et sortant, qu'ils aient les mains sur la table, évitent une tenue nonchalante, ne fassent point circuler de billet.

Le maître d'étude a la surveillance des bureaux, il doit s'assurer de temps en temps qu'ils ne renferment ni livres de lecture, ni traductions, ni rien de prohibé.

On ne va jamais au parloir pendant l'étude, sans être appelé par un billet de M. le supérieur.

Aucune sortie de l'étude pour les lieux n'est autorisée, sauf le cas où on peut croire à une indisposition, et, par exception, à la première demi-heure de l'étude du matin pour les petits et à la seconde pour les grands. On ne va chez MM. les professeurs que pour des répétitions autorisées, sauf la permission de M. le supérieur, et muni d'un billet de sortie, dont l'heure d'aller et de retour doit être soigneusement indiquée et contrôlée.

Le président d'étude n'autorise point de lui-même les visites à la chapelle.

Il veille sur les lectures, s'assurant qu'elles sont faites dans les conditions du règlement. Il confisque tout livre introduit sans autorisation ou surpris en dehors des heures convenues.

Il doit s'appliquer à connaître son étude dans ses dispositions matérielles et personnelles. Le balayage, l'éclairage, le chauffage, les réparations seront prévus par lui, de manière que rien ne souffre.

Il se trouve très-exactement à l'entrée et à la sortie des classes pour surveiller les mouvements des élèves.

Il y a des études réservées aux leçons, on n'y permet point de travail écrit.

A la fin de l'étude, le maître attend, comme au commencement, pour donner le signal de la prière, que le calme soit absolu, que toute préoccupation ou dissipation ait cessé. Il a dû faire interrompre le travail au premier son de la cloche.

Il exige que la sortie se fasse en silence.

Les sorties pour les confessions se font en ordre, à l'appel du nom du confesseur. Les trois premiers reçoivent un billet blanc en signe qu'ils sont sortis au commencement de l'heure, les autres un billet indiquant le moment de la sortie et qu'ils rapportent signé du confesseur avec l'heure précise du retour. Il ne doit jamais y avoir plus de trois pénitents pour le même confesseur hors de l'étude.

Le professeur chargé de la surveillance des servants de messe s'assure qu'ils ne sont point absents pour un autre motif que leur emploi. Il réunit dans la même étude les servants des diverses sections qui doivent, sans aller nulle part ailleurs, venir l'y rejoindre, leur office rempli.

Les entrées et les sorties à l'occasion des divers mouvements de la journée, doivent être très-rigoureusement surveillées. On y observe pour les prières les recommandations déjà faites.

Pour le déjeuner et le goûter, tous les élèves étant bien en silence, debout, les bras croisés, le professeur commence le *Benedicite* qu'il fait suivre des grâces. Les élèves viennent alors, un à un, en silence, dans un ordre établi, recevoir leur pain au pied de la chaire du professeur. Un élève qui n'a pas assisté à l'étude du matin, ne peut prendre son déjeuner sans un billet de M. le supérieur.

Aux époques où les élèves ont à se faire couper les cheveux, ils sont envoyés un à un sur une liste dressée par ordre de classe.

MM. les présidents d'étude veillent à ce que les salles soient fermées en dehors des heures où les élèves y sont admis. On n'y tolère ni bureau, ni caisse fermant à clef, ni livres entassés sur les bureaux, ni dégradations d'aucune sorte.

La surveillance de chaque étude se divise ordinairement en quatre lots, au choix des professeurs désignés. L'étude d'après-dîner emporte la surveillance du premier quart-d'heure du matin et celle du chapelet, le jeudi, tant que la promenade n'est point immédiatement avant souper.

CHAPITRE VII.

DE LA PRÉSIDENCE DE LA CLASSE.

Le professeur veille à ce que ses élèves viennent en bon ordre de l'étude. Il tâche de prévoir et d'empêcher les communications avec les externes qui entrent les derniers et sortent les premiers.

Il exige pendant les prières du commencement et de la fin que les bras soient croisés. Il peut les leur faire réciter à tour de rôle, et remplacer même, pour un temps, les formules ordinaires par d'autres formules latines usitées dans l'Eglise, *Memorare*, *Pater*, etc.

1° Prescriptions d'ordre matériel.

Un élève ne va jamais au parloir sans être appelé par un billet de M. le supérieur. On ne va point aux lieux sauf le cas d'une indisposition réelle.

Le professeur doit suivre exactement le programme de la maison, en ayant une copie en ce qui concerne sa classe, et observer pour l'ordre et la direction de sa classe les règles tracées ci-dessous.

Chaque professeur, au moins dans la première quinzaine de l'année, se fait, parmi les auteurs indiqués par le programme général pour sa classe, un programme particulier pour l'année, indiquant les parties d'auteur à étudier trimestre par trimestre. Le *cahier* contenant ces indications sera déposé chez M. le supérieur, avec les devoirs de la dernière classe, à la fin de l'année. On réserve, dans ce programme, une place sérieuse aux auteurs chrétiens.

On compose tous les vendredis soir.

Les compositions doivent être régulièrement données et classées ; les compositions du dernier mois des deux premiers trimestres sont doubles et secrètes ; la dernière de l'année, en chaque spécialité, est triple. — On ne doit point négliger les devoirs en histoire et en géographie.

Quand certains élèves, dans une classe, ont à suivre un cours particulier pendant l'étude, c'est au professeur à déterminer la partie du devoir dont ils doivent être dispensés.

Le renvoi d'un élève à M. le supérieur est une chose grave et doit lui être immédiatement signalé, comme aussi toute absence qui se produit en classe.

Il est défendu de faire prendre les grands dictionnaires latins avant la 6e, le grand dictionnaire grec avant la 5e, le grand atlas avant la 4e, ou la 3e classe de français.

Les notes de chaque élève, soigneusement notées jour par jour pour chaque leçon, chaque devoir, etc., sont réunies en une moyenne de leçons et de devoirs, pour l'examen mensuel, et présentées à M. le supérieur par ordre de mérite résultant des deux moyennes combinées. A l'examen trimestriel, on donne une note générale pour chaque spécialité.

Il y a visite des classes et examen partiel toutes les trois semaines. La semaine qui suit la seconde répétition du trimestre est consacrée à l'examen religieux et scientifique : une note est remise pour chaque matière de ce dernier examen sur autant de listes séparées.

La classe doit fournir en moyenne 2 points par élève pour *chaque note générale* de leçons, de devoirs, d'instruction religieuse et d'arithmétique, et 1 point pour les autres matières scientifiques : sinon la répétition ne donne lieu à aucune récompense.

En représentant *très-bien* par 1, *bien* par 2, etc., chaque note, dans la moyenne, garde son nom jusqu'à 0,50 au-dessous. A l'examen trimestriel, la note *très-bien*, avec couronne, n'est donnée que jusqu'à 1,40. — 1,41 à 1,50 représente *presque très-bien;* — 3,41 à 3,60 *passable*, avec congé *ad libitum*. Les autres notes générales ont leur valeur ordinaire.

La distribution des récompenses à la fin de l'année se fait sur les bases indiquées plus loin, et qui doivent être connues des élèves dès le début de l'année.

On ne tolère point en classe les cris bruyants, les interpellations d'élève à élève, rien enfin qui sente le désordre.

Le professeur exige que la classe soit tenue en très-bon état de propreté, et la ferme en se retirant.

Il se concerte avec M. l'économe pour y placer les objets nécessaires à l'enseignement, tableau noir, cartes, etc., et empêche les dégradations.

Si les besoins de la maison exigent qu'une classe soit faite dans une étude, le Professeur ne doit pas s'éloigner sans que vienne le président chargé de surveiller l'entrée, et qui ne doit pas se faire attendre.

2° Prescriptions d'ordre moral.

Le Professeur doit se tenir à égale distance d'une familiarité dangereuse et d'une rigueur sans relâche. Il est bon, surtout avec les enfants, de tempérer habilement la sévérité de la classe, mais il doit toujours rester maître du silence et de l'ordre. — Il se pénétrera des principes exposés au chapitre sur l'*autorité et son exercice*, et au chapitre Ier, sur les *rapports avec les élèves*.

Il prépare soigneusement sa classe, soit pour les leçons, soit pour les devoirs. — Dans son enseignement, il se souviendra de cette recommandation : « En tout, fondez bien vos élèves sur les principes. Ils ne sauront jamais rien, s'ils ne les savent parfaitement. Ramenez-les y toujours ».

Il répétera souvent les points qu'il soupçonnerait n'être point clairement possédés par ses élèves. Dans le même esprit, il donnera un soin particulier aux récapitulations et aux examens, et redoublera d'industrie pour rajeunir le zèle de ses élèves.

Le temps des répétitions étant presque nécessairement pris sur la santé du professeur ou le travail dû aux élèves pour la préparation de la classe et la correction des devoirs, MM. les professeurs accepteront difficilement ce surcroît. M. le supérieur doit toujours être prévenu et la famille avoir autorisé.

Le professeur, surtout dans les classes d'enfants, veille à ce qu'ils écrivent à leurs parents *régulièrement* et n'oublient ni leurs fêtes, ni les souhaits de bonne année. Il fait bien, dans ce but, de se faire présenter leur correspondance.

Il surveille la santé de ses élèves, la convenance des vêtements vu la saison, la propreté dans leur personne et leurs livres, l'usage du papier et autres objets, et, chez les petits, le bon état de leurs chaussures; il envoie au médecin ceux qui lui semblent atteints de quelque malaise ou dont la santé réclame plus de sollicitude; il visite tous les jours l'infirmerie quand il y a de ses élèves, et s'ils en sont capables, leur donne un peu de travail.

Il ne convient point de crier en classe; cela ne concilie

point l'attention, dit le P. Judde, et use beaucoup la poitrine.

Après une instruction, une lecture édifiante ou instructive, le professeur tâche de fixer par des explications, des interrogations, des analyses, l'attention de ses élèves.

Chaque professeur est libre d'avoir un cahier de correspondance sur lequel le président d'étude note les élèves qui ont mal travaillé et qu'il lui renvoie au commencement de la classe.

L'enseignement religieux se donne aux heures fixées et en suivant les méthodes et les plans adoptés. Chaque leçon doit être suivie d'une rédaction sur un canevas fourni aux élèves. La récapitulation de l'Évangile, le samedi, est accompagnée d'un bref commentaire, ou d'un mot édifiant. C'est à ce moment aussi qu'on s'assure de temps à autre, si les élèves ont leur chapelet, et qu'on peut les former à se servir du paroissien, à suivre les offices, etc.

Un des principaux devoirs à l'égard d'une classe est d'y entretenir l'émulation. Un moyen excellent, et qui est d'obligation pour le professeur, est l'usage du *cahier d'honneur* destiné à recevoir les meilleurs travaux. Chaque maître tiendra aussi la main à ce que sa classe fournisse son tribut honorable aux réunions de l'académie.

Voici encore quelques moyens d'encouragement dont on peut user dans les classes : — 1° les exemptions avec ou sans *communicetur* et les bons points. — 2° Le banc des paresseux. — 3° Le tableau d'honneur. — 4° Les points de négligence avec possibilité du rachat. — 5° Les provocations ou défis, en donnant toujours une récompense au vainqueur. — 6° La division en deux camps ayant leur nom, avec récompense et privilége pour les vainqueurs. — 7° Les compositions entre deux classes qui se suivent, sans qu'elles sachent qu'elles font les mêmes devoirs, en communiquant ensuite le résultat. — 8° Les devoirs ordinaires pris pour composition, en réservant toutes les copies d'une semaine et tirant au sort le samedi le devoir qui sera retenu, etc.

Un professeur perd son temps en classe et le fait perdre en cinq manières : 1° en ne la préparant pas et ne corrigeant pas les copies ; 2° en causant souvent sur des sujets étrangers à la leçon ; 3° en parlant trop au lieu de faire parler ses élèves ; 4° en faisant, pendant une partie des classes, des lectures pour amuser ; 5° en faisant trop écrire.

Il ne suffit pas à un bon professeur d'enseigner à des élèves les langues française, latine, grecque, l'histoire, les mathématiques, etc., il doit se proposer un but plus élevé qui est celui d'arriver par cet enseignement à étendre, à polir, à perfectionner toutes leurs facultés ; à leur inspirer l'amour du beau, du bon, du vrai et de l'honnête ; à fortifier le caractère par le travail et la lutte, et à préparer la volonté, par l'accomplissement journalier d'une tâche pénible, à la pratique des devoirs et des vertus les plus difficiles. Ainsi, il ne se préoccupera pas seulement de l'emploi du temps de ses élèves et de leur succès dans les études, mais encore du développement de leurs facultés, de leur bon esprit, de leur caractère et même de leurs mœurs et de leur religion. Le langage de la piété ne sera pas étranger à la classe ; les motifs de foi seront présentés aux élèves comme le mobile le plus noble et le plus puissant de leur travail. Il est bon que les enfants voient souvent reparaître le prêtre à côté du professeur.

Il faut être bien persuadé de cette vérité que le professeur est celui qui peut ordinairement contribuer plus efficacement que tout autre à la correction des défauts de ses élèves.

Il connaît ces défauts mieux que personne, mieux que les enfants ne les connaissent eux-mêmes, mieux que le confesseur qui ne voit que les fautes sans connaître leur principe, et il peut dès lors s'appliquer avec plus de succès que qui que ce soit à les combattre et à les corriger.

Le confesseur et le professeur concourent, chacun à sa manière, au bien de l'enfant; le premier guérit les plaies de l'âme, attire la grâce, donne et entretient la vie surnaturelle; le second prépare à cette vie surnaturelle par des facultés fortes et vives, par un esprit net, droit et pur.

Quel but plus élevé pourrait-on se proposer dans son travail et ses efforts ! Est-il rien de plus capable d'exciter le zèle d'un bon prêtre !

3° Direction de la classe.

LEÇONS. — Exiger une récitation *exacte, posée, naturelle, intelligente, assurée*, accompagnée d'une *bonne prononciation*.

Expliquer les leçons, et pour le sens des mots et pour celui des phrases, avant de les donner à apprendre.

Donner des leçons assez courtes pour que les plus forts élèves puissent réciter très-bien.

Diviser les leçons de manière qu'il n'y ait pas un trop grand nombre de livres pour chaque classe.

Former les enfants à la mémoire des faits par des interrogations sur les récits étudiés.

Encourager les mieux doués à apprendre des morceaux choisis.

Interroger chaque élève au moins une fois par jour.

Pour tenir l'attention en éveil, ne suivez point toujours le même ordre dans la série des livres de récitation.

DICTÉE DES DEVOIRS. — Le professeur doit apporter une grande attention à choisir des devoirs en rapport avec la force des élèves et dont ils n'aient point le corrigé, et en mesurer la quantité sur le temps de l'étude. Il est bon, surtout dans les classes supérieures, de faire ces dictées d'après un plan adopté et non au hasard.

En dictant, jusqu'en cinquième au moins, il épèle ou fait épeler les mots les plus difficiles.

Tout texte dicté en classe, français, latin ou grec, doit être porté sur la copie avec la traduction en regard. — On dicte un devoir tous les soirs.

CORRECTION DES DEVOIRS. — Il faut que le devoir soit remis avant la classe où il doit être corrigé, soit à la fin d'une étude, soit à la classe précédente. — La correction est de rigueur ; un professeur ne peut la négliger habituellement en conscience. Elle doit se faire suivant une *méthode uniforme* qui est la suivante :

Au moment où les copies sont remises, le professeur y jette un premier coup d'œil. — Dans sa chambre, il lit et annote autant de copies que le temps lui permet ; puis il en choisit quelques-unes, à tour de rôle, pour la correction *publique*.

Pour cela, il prend sur une copie la *première* phrase, la lit, l'annote ; il passe à une autre copie, il fait le même travail sur la *seconde* phrase, et ainsi des autres jusqu'à épuisement du texte.

En classe, chaque élève est appelé à donner la traduction (thème ou version), de la phrase qui lui revient d'après l'ordre de correction suivi par le maître. Il est rendu compte des règles appliquées ou violées ; chaque expression, chaque tournure est justifiée ou condamnée. Le professeur donne ensuite son corrigé ou après chaque phrase, ou de tout le devoir à la fois, prenant, quand il y a lieu, les passages bien réussis par les élèves.

Si les copies lues en particulier, et non rappelées en correction publique, renferment des fautes graves, le professeur les remet à l'élève et lui signale ces fautes.

Tout élève est *astreint* à avoir 1° un *cahier de devoirs* sur lequel il fait et revoit son travail dont sa copie doit être la reproduction exacte ; 2° un *cahier de corrigé*, le même pour tous les devoirs, très-soigné, où sont transcrits les devoirs, texte d'un côté, corrigé en regard. C'est toujours au commencement de l'étude de dix heures que se fait ce cahier et non en classe sous la dictée. Le professeur s'assure, le soir, de la régularité de l'élève sous ce rapport.

A l'étude de dix heures, on a en outre un devoir grec à faire dans un auteur classique, et, en 8° et 7°, une préparation d'auteur latin, avec le mot-à-mot.

Le corrigé des thèmes devra être appris de mémoire et récité aux examens.

ANALYSE. — Dans les classes de grammaire, MM. les professeurs veilleront à ce que l'analyse soit faite exactement et soigneusement, et visiteront dans ce but les cahiers. En 6° et 5°, on peut s'en tenir à l'analyse des mots les plus difficiles. Pour le grec, elle se continue au moins jusqu'en 4°. Et même dans les classes où on ne l'écrit plus, il est nécessaire de faire analyser, en expliquant, les mots les plus difficiles.

Il est excellent aussi de faire mettre en marge l'indica

tion des règles appliquées par les auteurs dans le texte dicté. — En 5e et en 4e, il est avantageux de faire écrire souvent le mot-à-mot.

EXPLICATION. — Une bonne explication comporte six opérations bien distinctes :

1º L'indication du *sujet* qui est traité dans le passage ;

2º L'explication proprement dite, qui se fait ainsi : on lit la phrase en accentuant, on la relit en donnant la construction, puis on fait le mot-à-mot, suivi de la traduction ;

3º L'analyse, et, pour les classes supérieures, l'étude des expressions et des tournures au point de vue *grammatical* ;

4º L'instruction, où l'on fait ressortir les points d'histoire, de géographie, ou autres, qui se rattachent à la pensée ou à l'expression ;

5º L'appréciation *littéraire* ;

6º La réflexion *morale*.

Il y a deux manières de conserver la traduction d'un auteur : ou la répéter suffisamment pour que l'élève la retienne et la transcrive de mémoire à l'étude, ou la dicter. On peut, suivant les classes et les auteurs, employer l'une ou l'autre méthode.

Certains passages de l'auteur expliqué en grec ou en latin devront pouvoir, aux examens, être ramenés, de mémoire, du texte français dans leur langue.

DIVISION DU TEMPS. — Un professeur n'aura point d'ordre dans le travail en classe, s'il ne suit une division régulière de son temps. On doit adopter comme base générale la suivante :

Prière, récitation.................. 30 min.

Explication des leçons suivantes.... 15 min.

Lecture des corrigés, observations, dictée du devoir....................	*le soir*, 30 min.
Correction du devoir.............	*le matin*, 45 min.
Explication de l'auteur............	*le soir*, 45 min. *le matin*, 30 min.

Dans les classes où il n'y a pas d'explications, comme aux premiers mois de huitième ou dans la classe élémentaire de français, le temps qui lui est assigné peut être consacré à des exercices au tableau noir sur l'orthographe, la géographie, l'arithmétique, etc.

CHAPITRE VIII.

DE LA PRÉSIDENCE DU DORTOIR.

Le président de dortoir prend ses élèves au lieu où ils se mettent en rang, il les précède.

Il est à son poste toutes les fois que les enfants ont à se rendre en commun au dortoir. S'il entend du mouvement dans la journée, il s'assure que la permission d'y pénétrer a été demandée, et veille à ce que la porte en soit habituellement fermée.

Il a la surveillance générale de son dortoir; il doit donc veiller à ce que rien n'y soit introduit contre la règle, à ce que tout y soit propre, bien ordonné, l'air soigneusement renouvelé, à ce que les enfants ne souillent point le plancher, ne jettent rien par les fenêtres, etc.

Avant le départ pour la promenade, il s'assure que les élèves ont une mise en rapport avec la saison, et que toute leur tenue, habits, chaussure, coiffure, visage, est propre et convenable. Au retour, s'il est dans la maison, il se présente dans son dortoir.

Le soir, il prend ses élèves, surveille leur défilé, et les conduit à la chapelle où chaque président de dortoir a sa place pour la surveillance. Il les précède de même après la prière, et veille à ce que le mouvement et la rentrée se fassent en silence et sans précipitation. Il ne laisse s'écarter des rangs ni sortir du dortoir aucun élève ; s'il est besoin d'une exception, c'est à M. le supérieur qu'elle est demandée.

Il ne doit recevoir dans sa chambre les enfants de son dortoir, surtout isolés, pendant le grand silence, sous aucun prétexte. L'infraction de cette règle serait considérée comme tout à fait répréhensible.

Pendant le coucher, le professeur va et vient, tâchant de de se rendre compte de ce qui se passe.

Cinq minutes après le tintement de la cloche, tous les élèves doivent être au lit. Le professeur veille à ce que les rideaux ne soient point retenus sous le matelas, et les couvre-pieds laissés étendus pendant la nuit.

Il est d'une extrême importance d'habituer les enfants à une excellente tenue et au silence rigoureux pendant leur séjour au dortoir. Une excellente précaution dans ce but est de porter soi-même durant cette surveillance une chaussure très-légère et qui ne permette point aux élèves de se rendre compte des mouvements du professeur.

Ayant fermé la porte du dortoir, le président dit : *Laudetur Jesus Christus*, les élèves répondant *Amen*, puis il baisse les lampes. Les élèves ne doivent jamais savoir précisément s'il s'est retiré, ou s'il est encore au dortoir.

Il est très-avantageux de les tenir en face de ce doute et sous cette inquiétude, en se présentant de temps à autre dans le dortoir, et en faisant quelques visites à des heures différentes.

Les autres maîtres de la maison doivent seconder, dans la mesure convenue et par les visites établies, sa vigilance.

Le président de dortoir n'oubliera pas que la responsabilité du prêtre, à ces heures et dans ce lieu, est une des plus sacrées pour une maison d'éducation. Les âmes et les corps, tout repose sous sa garde comme sous celle des bons anges. Il faut que, grâce à sa fermeté vigilante, le mal se sente comme glacé par une sainte terreur.

Ce but s'impose naturellement aussi, et dans une certaine mesure, à la conscience, à la sollicitude et à la responsabilité de tous les maîtres.

Tout mouvement entendu et pouvant être soupçonné un désordre doit éveiller immédiatement l'attention.

Le matin, au signal de la cloche, le président dit : *Benedicamus Domino,* — ℞ *Deo gratias*, et éclaire le dortoir. Au tintement, tous les lits sont ouverts. Un bon président de dortoir fait contracter à ses élèves l'habitude d'un lever courageux et prompt, en les y aidant au besoin. Il faut aussi veiller aux détails de propreté, établir un ordre pour se rendre au lavabo, s'assurer que les enfants se brossent et se peignent, etc.

Si un enfant a achevé sa toilette et celle de sa chaussure et de sa malle, il doit rester près de son lit.

Au second tintement, le professeur frappe quelques coups de clef, pour que tous se rangent à la porte, en dedans, deux à deux, et au dernier signal, ils descendent en rang à la chapelle, un dortoir après l'autre ; il les accompagne au moins jusqu'au bas de l'escalier.

Si un enfant reconnu malade a besoin de rester au lit, il envoie immédiatement son nom à M. le supérieur, ou à l'un de MM. les professeurs chargés de la surveillance du dortoir à ce moment.

C'est une de ses fonctions de se rendre compte, autant que possible, si les enfants ont les habits qu'il leur faut, s'ils ont pris le linge donné par les sœurs, etc ; c'est par lui que se fait la première inspection de propreté.

Il peut y avoir dans les dortoirs des *élèves suppléants*, chargés de prévenir le professeur en cas de maladie d'un enfant, d'aller chercher un renseignement qui serait jugé nécessaire, d'avertir si le président était indisposé, etc. Ils peuvent être responsables du bon ordre et du silence.

Les dortoirs doivent toujours être fermés pendant le jour, au moins quand le professeur est absent de sa chambre, et pendant les récréations.

Les fautes au dortoir doivent être réprimées avec la plus grande promptitude et la plus grande vigueur. Les moindres sont très-graves.

Au dortoir, encore plus qu'ailleurs, un élève ne peut être absent sans qu'on en prévienne immédiatement M. le supérieur.

CHAPITRE IX.

DE LA PRÉSIDENCE DU RÉFECTOIRE.

Il est convenable d'entrer au réfectoire avant le commencement du repas.

Le bon ordre veut que les maîtres, au réfectoire, aient l'œil sur ceux des élèves qu'ils peuvent surveiller de leur place.

Pendant les prières, ils veillent à ce que tous soient à leur place, les bras croisés, le visage tourné vers le crucifix.

Ils signalent à M. le supérieur les dissipations et les abus qu'ils n'auraient pu arrêter par des observations faites en dehors du repas, ou par des punitions.

Quand un maître a donné une punition à faire au réfectoire, il fait bien, s'il a du doute, de s'assurer que l'élève a prévenu M. le supérieur, à qui est réservé le droit de mettre au milieu du réfectoire.

Si un de MM. les professeurs est chargé par M. le supérieur de la surveillance générale des élèves au réfectoire, il veille à ce qui concerne la tenue, le service des tables, la politesse, la propreté et la bienséance ; reprend au besoin, à voix basse, communique ses observations à M. le supérieur, et prend son repas avant ou après la communauté.

Dans le cas contraire, c'est à l'ensemble des maîtres à se rendre compte de ces petits détails, à empêcher les enfants de contracter aucune mauvaise habitude, et à les aider à en prendre de bonnes.

La surveillance au réfectoire à déjeuner exige beaucoup d'ordre et de fermeté. Les enfants doivent se présenter un à un, les uns pour recevoir leur lait, les autres, ayant préparé leur pain, pour recevoir du bouillon. On exige le silence.

CHAPITRE X.

DE LA PRÉSIDENCE DES RÉCRÉATIONS.

La surveillance se fait à tour de rôle, dans un ordre indiqué au début de l'année.

MM. les présidents de récréation se souviendront, pour exciter leur zèle, que cet exercice est, avec les promenades, l'officine de tout le mal sérieux. Obtenir un certain ordre général ne suffit pas, MM. les professeurs y ont charge d'âmes.

Le surveillant, *toujours le premier*, veille à ce que les enfants ne puissent se disséminer, aucun élève ne doit sortir de la récréation sans sa permission. A la récréation du goûter il ne peut autoriser que sur l'appel de personnes n'habitant pas Felletin ; en dehors de ce cas, et toujours à la récréation du soir, l'autorisation est réservée à M. le supérieur.

A aucune récréation, le président ne peut permettre d'aller ailleurs qu'au parloir, ou chez un maître qui a fait appeler, ou à un exercice autorisé par la règle de la maison, jamais par conséquent chez le portier ou au dortoir. L'élève, en revenant, lui annonce toujours son retour.

Il doit *toujours* savoir du portier, avant qu'un élève soit appelé, quelle est la personne qui le demande. Pour peu qu'elle soit étrangère à la famille ou qu'il ait des doutes, il renvoie à M. le supérieur.

Il est important, pour une bonne récréation, d'aller un peu en tous sens sur la cour ; une promenade trop régulière favorise beaucoup de petits désordres. Dans une récréation bien faite, les enfants doivent toujours craindre d'être surpris ou remarqués ; il ne doit point y avoir de coin, point de groupe mal intentionné, que n'inquiète la présence du maître ou son regard

Comme partout où les élèves sont rassemblés, les abus doivent être réprimés avec un mélange de fermeté et de grande prudence, mais toujours dès le début. Il faut éviter, à tout prix, que la vigilance semble aux enfants quinteuse et tracassière.

Il est très-expressément recommandé d'être seul, afin que l'attention soit entière ; de ne point s'absorber dans un groupe de quelques élèves ; de ne pas se laisser occuper par une lecture, etc.

On ne laisse point monter sur les murs ou les arbres, former des sièges à part, couper aucune tige ou branche, dégrader, passer derrière l'église ou dans les corridors, se quereller, en venir à des voies de fait, se traîner dans la poussière, se livrer à des jeux de main, etc.; en un mot, on réprime tout ce qui peut blesser l'ordre, la politesse ou la décence. — Il faut avoir l'œil sur les lieux d'aisance, et obliger à stationner à distance.

C'est aussi un devoir de veiller à ce que les enfants prennent des habitudes de respect mutuel, de bonne éducation, de leur apprendre à se présenter, à se tenir, de leur faire proscrire non-seulement les jurements, mais tout mot grossier, toute locution vicieuse ; l'inattention des maîtres sous ce rapport serait très-fâcheuse, et amènerait inévitablement des défaillances jusque dans la piété et les bonnes mœurs.

Si même ils aperçoivent quelque enfant malpropre, ils l'envoient à la sœur chargée des vêtements ou au dortoir.

Les courses tapageuses, dans la salle, partout les chants et les clameurs inconvenantes, sont défendus.

Un bon surveillant encourage et surveille les jeux, tâche, par sa présence, de rompre les courants mauvais et les conversations, entretient le bon esprit.

Le président de récréation doit suivre les liaisons qu'il remarque se former, les assiduités ridicules, les rencontres trop habituelles, les conversations à deux ; il communique au professeur qui le remplace les observations qu'il peut avoir faites, et de nature à prévenir les abus qu'il avait vus poindre.

Si un élève a une punition à faire en récréation, M. le président lui indique où il doit la subir, même si c'est un travail écrit. Il ne met jamais l'un près de l'autre des enfants punis ; toute punition, même un travail écrit, doit être subie dans l'isolement absolu des autres élèves.

Quand la récréation se prend dans la salle, le premier surveillant donne les permissions, le second a la responsabilité sur la cour. Il en est de même quand, par un temps douteux, les élèves sont laissés libres de se tenir dedans ou dehors, ce qui ne peut avoir lieu aux récréations où il n'y a qu'un surveillant.

MM. les présidents de récréation ne s'absentent, même un instant, que dans un cas indispensable, et, suivant ce qui a été dit ailleurs, s'étant fait remplacer.

A la fin de la récréation, ils surveillent la mise en rangs, font garder strictement le silence et ne permettent pas aux élèves de s'attarder sous aucun prétexte.

Si, de la cour, les élèves ont à exécuter quelque mouvement général pour lequel ils doivent se mettre en rangs, ils les surveillent pour que tout se fasse avec ordre et silence.

Récréation à Villefort.

A Villefort, immédiatement après dîner, les sections se rendent dans les cours qui leur sont assignées.

Sur la cour des grands, le professeur de semaine est aidé par celui qui l'a précédé. Ils se placent de manière à embrasser toutes les terrasses, et veillent à ce qu'aucun élève ne s'évade sans permission.

Ils ne laissent passer ni dans le chemin qui longe la terrasse, ni dans celui qui longe l'étang, ni derrière le monument de la sainte Vierge. Les philosophes seuls peuvent se tenir, avec permission, dans l'allée située entre ce monument et le petit arbre qui fait face à l'autre extrémité.

Ils ne laissent entrer qu'une seule classe à la fois au billard, et y font de temps en temps quelque visite.

Sur la cour des petits, on ne permet ni d'occuper l'espace compris entre les tables, ni de descendre dans la prairie, ni d'entrer au jardin, ni d'aller dans la grande cour, ni de se rendre à la fontaine, ni de monter sur le plan plus élevé qui longe le château et passe derrière le monument. En un mot, les enfants doivent se tenir uniquement sur le plan de la terrasse et dans la partie en dehors des tables.

Sur aucune des terrasses, on ne laisse construire ni bancs, ni cabanes, et on ne laisse déplacer les pierres des murs.

Les autres règles de surveillance de récréations, données ci-dessus, ont évidemment leur application à la maison de campagne. Là il est particulièrement défendu d'entrer à la cuisine ou de mettre le pied dans l'escalier du château. On ne va aux lieux qu'avec une autorisation. Celle de M. le supérieur est nécessaire pour s'entretenir dans l'avenue avec une personne du dehors.

Liste des jeux défendus en récréation.

Tous les jeux contraires aux règles posées dans ce chapitre, c'est-à-dire les jeux indécents, intéressés, dangereux. Le jeu d'Ours. — La toupie dans la salle ou au grand rond sur la cour. — La balançoire au gymnase. — La balle-paume avec un bâton ou une palette. — La balle-paume *en peau* sous les fenêtres qui ne sont pas grillées et celles de l'église. — Les boules de neige. — Abattre ou toucher des hannetons. — Les billes à la poque. — La balle empoisonnée ou au chasseur, etc.

Les jeux de balle interdits dans cette liste peuvent être pratiqués en promenade ; sur la cour, ils ne sont autorisés qu'avec des balles en caoutchouc, il en est de même de tout jeu de balle où l'on *cale*.

CHAPITRE XI.

DE LA PRÉSIDENCE DES PROMENADES.

Le professeur prend sa promenade au sortir de la salle. Il ne reçoit jamais d'élèves ne faisant pas partie de sa section ; au contraire, s'il remarque des absences il les signale au retour.

Il ne permet pas que les rangs soient bouleversés par le caprice des élèves, et choisit *lui-même* le parcours et le but de la promenade.

La marche doit être dirigée de manière à ne point fatiguer les plus faibles, et en évitant les courses précipitées ; M. le président se place de manière à la modérer, et ne laisse point de retardataire derrière sa colonne.

Il se retourne fréquemment, surtout durant le trajet en ville, et dans les villages qu'il doit éviter de traverser et où il ne doit *jamais s'arrêter*.

On ne traverse point la ville les dimanches et jours de marchés et de fêtes.

Les élèves ne peuvent être autorisés à s'arrêter dans *aucune* maison, même chez leurs parents. Ils peuvent l'être à acheter du lait en été, du pain ou des fruits, mais *jamais autre chose*. Ces achats sont faits par les seuls élèves désignés ou agréés dans ce but par M. le supérieur, la promenade restant à distance du village.

M. le président n'autorise point les bains de pieds, sans que la saison ait été jugée assez avancée par le médecin, et jamais les bains entiers ni rien de défendu par le règlement ; il ne lance point ses élèves dans des chemins où la surveillance lui serait impossible, comme des taillis, ne les mène point à la chasse aux écureuils, ne les laisse point monter sur les cerisiers ni aucun arbre, ni détruire les nids ; il veille à ce qu'ils ne commettent aucun dégât dans les propriétés qu'ils parcourent et où ils s'arrêtent, ne coupent rien, soient polis envers les passants, ne se permettent ni chants, ni clameurs inconvenantes.

Jamais au dehors, pas plus que dans la maison, les élèves ne doivent porter ni anneau au doigt, ni fleur ou décoration non autorisée à la boutonnière, ni rien qui sente l'enfantillage ou le pédantisme.

Les observations concernant la tenue générale des élèves

pendant les récréations s'appliquent presque toutes aux promenades.

Le choix du lieu où doit s'arrêter la section est très-important ; il faut le prendre à distance des habitations, et, autant que possible, bien découvert, de manière à pouvoir embrasser toute la petite troupe d'un coup d'œil. Il en est de même pour les arrêts momentanés, en allant ou revenant.

Le président indique les limites qu'on ne doit point franchir, ne permet les absences qu'à un seul à la fois, excite les jeux, a l'œil à tout. Il évite de se livrer à une lecture ou à une conversation qui l'absorbe, la surveillance en promenade étant une de celles qui importent le plus au bon esprit et aux bonnes mœurs.

Si deux professeurs président ensemble la même section, ils se placent de manière à bien se rendre compte de ce qui se passe, l'un en tête, l'autre à la fin de la colonne, et, quand on est arrêté, à des endroits différents. Le plus ancien donne seul les autorisations nécessaires et dirige la promenade.

Le président donne à temps le signal du retour, veille à ce que les élèves montent ensemble au dortoir et descendent ensemble, et les garde sur la cour jusqu'au commencement de l'exercice qui suit.

Les recommandations faites pour la surveillance des récréations à Villefort s'appliquent toutes à la surveillance de la promenade quand on est arrivé à cette maison. — Rigoureusement cette surveillance passe des présidents de promenade aux présidents de récréation à midi ; et revient aux premiers à trois heures. Il est d'usage qu'on s'accorde une certaine tolérance.

A la ville comme à la campagne, s'il arrive que la

promenade ne puisse avoir lieu ou soit retardée, MM. les présidents de surveillance ce jour-là se rendent au milieu des élèves à l'heure où devait commencer l'exercice et surveillent en commun.

Les enfants qui sont autorisés à rester, et ceux qui sont retenus par punition, passent le temps de la promenade à l'étude. Dans le premier cas, ils reçoivent un devoir qui peut être remis à corriger à leur professeur. Les autres sont soumis à un travail plus rigoureux puisqu'ils subissent une punition.

CHAPITRE XII.

DE L'ÉCONOMAT (1).

Un petit séminaire n'est point une simple pension, c'est une famille ; et le caractère de paternité qui y règne partout doit être spécialement celui de M. l'économe. Cet esprit le dirigera dans tous ses rapports soit avec ses confrères, soit avec les élèves, soit avec leurs parents, soit même avec les domestiques.

M. l'économe, sous la surveillance et la direction de M. le supérieur, est chargé de l'administration de tout le temporel de la maison ; à savoir : recette et dépense, comptabilité, nourriture, vestiaire et lingerie, propreté, santé publique et infirmerie, service des domestiques et soins à leur donner,

(1) Ce chapitre est textuellement extrait du *Règlement des Professeurs d'un Petit Séminaire*.

entretien des bâtiments et jardins, tant à la ville qu'à la campagne.

1º RECETTE. — M. l'économe a soin d'envoyer les comptes des élèves tous les trimestres. Si les parents d'un élève n'acquittent pas régulièrement leur pension, il en informe M. le supérieur.

2º DÉPENSE. — Il est d'une administration sage et prévoyante de toujours baser ses dépenses sur un chiffre inférieur à celui des recettes. Il est donc nécessaire que, quelques jours après la rentrée, M. l'économe établisse un état présumé des pensions fixes et des revenus éventuels, et que, sur ce chiffre, il dresse un budget approximatif, en appliquant à chaque chapitre une certaine somme proportionnelle, dont le chiffre total devra être inférieur à celui du revenu présumé.

M. l'économe aura soin de surveiller avec une extrême vigilance toutes les dépenses, surtout celles qui reviennent chaque jour, examinera les denrées, verra les fournisseurs.

Il surveillera avec un égal soin l'emploi des provisions faites, et, en conservant toutes les convenances, il réprimera néanmoins toute profusion et gaspillage, empêchant surtout que personne ne détourne rien à son profit; s'il découvrait quelque désordre de ce genre de la part d'un domestique, le coupable devrait être immédiatement et publiquement renvoyé.

3º COMPTABILITÉ. — M. l'économe a le plus grand soin de tenir toujours ses comptes tellement en règle que, si, par malheur, on venait à le perdre, celui qui lui succéderait pût immédiatement connaître tout l'actif et tout le passif du séminaire.

Un des points les plus importants de la comptabilité, c'est

de tenir une note exacte de toutes les petites fournitures faites journellement aux enfants. Les moindres négligences, sous ce rapport, pourraient entraîner pour la maison des pertes considérables ; d'autre part, ce serait un égal inconvénient de forcer si peu que ce soit, sur les bordereaux, la note de ces fournitures.

4° NOURRITURE. — M. l'économe doit savoir exactement et d'avance ce qui sera servi à chaque repas de la semaine.

Il se rend souvent à la cuisine et au réfectoire sans y être attendu, *particulièrement un peu avant le repas*, afin de voir comment tout se passe, *si les plats sont ce qu'ils doivent être* ; si l'abondance est bonne ; si le service est propre et bien fait, si les domestiques ne se réservent pas d'avance ce qu'il y a de meilleur; il veille à ce que la viande que l'on sert aux élèves soit pesée avant d'être mise dans les plats, ce point est essentiel et exige une *surveillance incessante*.

Il ne doit rien changer ni en plus ni en moins dans la nourriture des élèves, sans l'agrément de M. le supérieur.

5° SANTÉ PUBLIQUE ET INFIRMERIE. — M. l'économe prendra des mesures pour que toutes les salles où se réunissent les élèves soient aérées, éclairées et chauffées convenablement.

Il portera une attention particulière à ce que les dortoirs soient bien tenus, les lits bien faits, les vases de nuit bien propres, l'air renouvelé dès le matin ; ces soins sont importants pour la santé des enfants.

Si la pluie se déclare pendant la promenade des élèves, il a soin de tout faire préparer pour que, au retour, ils trouvent ce qu'il faut pour changer.

L'infirmerie est aussi l'objet de ses soins ; il veille à ce que le service en soit fait avec zèle et intelligence par les sœurs et par les domestiques ; il visite régulièrement l'infirmerie tous les jours à des heures diverses.

S'il s'y trouve quelqu'un de gravement malade, il fait venir une garde spéciale, multiplie ses visites, a soin que rien ne manque. Si le malade succombe, il est chargé de tout ce qui concerne les funérailles, en se concertant avec M. le supérieur.

6° PROPRETÉ. — M. l'économe surveille sans cesse le service des domestiques pour que la maison soit toujours tenue très-propre ; il fait souvent des visites à heures irrégulières.

En outre, une fois chaque mois, M. l'économe invitera M. le supérieur à venir avec lui faire la visite générale de la maison pour qu'il s'assure par lui-même qu'elle est parfaitement tenue. Chaque domestique devra être à son dortoir ou à son étage, au moment de la visite.

7° VESTIAIRE ET LINGERIE. — Chaque mois, M. l'économe visite la lingerie et s'informe auprès de la sœur supérieure s'il y a quelque enfant dont le trousseau soit en souffrance ; et, dans le cas affirmatif, M. l'économe écrit aux parents pour qu'ils remplacent ce qui a été détérioré par l'usage.

Chaque mois également, il a soin que l'on visite les casiers où les élèves déposent leurs souliers, afin que tout ce qui est mauvais soit raccommodé ou remplacé.

Il veille d'une manière spéciale à ce que le service du linge et des habits soit fait exactement, tant pour les distributions régulières du samedi et du mercredi, que pour les demandes individuelles faites par les enfants, par les billets recueillis à l'étude.

8° SOIN DES DOMESTIQUES. — Dès le commencement de l'année, M. l'économe dresse le tableau du service des domestiques, s'appliquant avec soin à ce que, autant que possible, la besogne soit également répartie ; une de ses grandes occupations est de surveiller constamment l'exécution complète de ce service.

D'autre part, M. l'économe s'occupe avec beaucoup de zèle des soins spirituels que réclament les serviteurs de la maison.

Il leur fait la prière le matin et le soir ; leur dit ou leur fait dire la messe tous les dimanches ; il est convenable qu'ils aient, de temps en temps au moins, une exhortation après l'Evangile.

Il leur fait dans la semaine un catéchisme élémentaire où il les instruit bien de leur religion et des devoirs de leur état.

Aux approches de Noël, il leur ménage les exercices d'une petite retraite.

Il doit savoir le nom de leur confesseur et les envoyer à confesse au moins à l'approche des principales fêtes.

Le dimanche, outre la messe qu'ils ont entendue le matin, il a soin qu'ils assistent encore à Vêpres et au Salut.

Il ne leur permet de sortir en ville que pour de bonnes raisons et surveille l'heure de leur rentrée.

9° SOIN DES BATIMENTS ET JARDINS. — Tout ce qui concerne le temporel de la maison étant confié à la sollicitude de M. l'économe, il portera sa vigilance sur l'entretien des bâtiments et jardins, tant à la ville qu'à la campagne ; sur le rapport qu'on peut tirer des uns, sur les réparations dont les autres peuvent avoir besoin ; la négligence dans les réparations utiles peut, par la suite, occasionner de grandes dépenses.

Il aura l'œil sur les ouvriers, serrurier, menuisier, etc., pour qu'ils ne soient pas des temps infinis à terminer ce qu'ils ont à faire.

Il profitera du temps des vacances pour faire faire toutes les réparations qui, faites pendant l'année, pourraient être une cause de dérangement, telles que peinture, maçonnerie, etc.

C'est encore pendant les vacances qu'il fait faire les travaux d'entretien de la literie, ainsi que les provisions de bois et autres, nécessaires pour l'année.

Aucun travail ne peut être commandé aux ouvriers que par M. l'économe, et il est de bonne règle qu'il ne paie que ce qu'il a fait faire. M. le supérieur lui-même doit, s'il désire faire faire quelques travaux, en prévenir M. l'économe, et même, au besoin, prendre son avis.

En terminant, on rappelle de nouveau à M. l'économe quelle bonté et quels égards il doit avoir pour tous, particulièrement pour les enfants pauvres et pour leurs parents.

Chargé comme il l'est de tous les détails de la vie matérielle de ses collègues, il aura également d'eux un soin tout fraternel, faisant tous ses efforts pour que personne ne manque de rien.

Il s'animera, au milieu de tant de soins et de travaux, dans la pensée du noble but auquel tous tendent dans un petit séminaire, c'est-à-dire de former de bons prêtres et de bons chrétiens, sauver des âmes, exalter l'Eglise et glorifier Dieu.

CHAPITRE XIII.

FONCTIONS DIVERSES.

CONFESSIONS. — MM. les confesseurs se conforment aux prescriptions générales et aux usages de la maison, et se concertent avec les présidents d'étude, pour que tout se passe avec ordre.

Il est important qu'ils aient à leur service et étudient quelques-uns des ouvrages les plus autorisés traitant de la direction et confession des enfants et jeunes gens.

Ils constatent, par les billets d'étude, l'exactitude des élèves à se rendre chez eux, et donnent, par des indications toujours précises, au président d'étude le moyen de contrôler l'exactitude du retour : c'est à ce dernier aussi qu'il appartient de tenir une liste officielle permettant de s'assurer de la fidélité au règlement, en ce qui concerne le minimum exigé des visites au confesseur.

Les externes qui ont à faire la sainte communion les dimanches et fêtes ne doivent *jamais* être admis à l'étude de cinq heures, mais bien à celle de dix heures ou d'une heure et demie. En dehors de ce cas, c'est toujours le vendredi qui est pour eux le jour ordinaire des confessions.

CONFÉRENCE ET CONGRÉGATIONS. — Les directeurs de la conférence et des congrégations veillent à ce que la rentrée et la sortie des exercices se fassent en silence et n'amènent point de désordre dans la maison.

Ils tâchent de faire de ces associations les auxiliaires du

bien dans la maison, en écartant ou ne recevant pas les membres qui n'édifient point, en veillant à l'exécution fidèle des règles et à la conservation de l'esprit de l'association, et surtout en inspirant le *zèle* à tous les élèves qui la composent. Ce dernier point est capital pour la conservation des jeunes gens et le bien de la maison ; mais il y faut revenir sans cesse, entrer dans les détails pratiques, faire agir en quelque sorte sous ses yeux et tenant par la main, jusqu'à ce qu'ils aient compris et y aient pris goût.

MM. les directeurs de ces œuvres font remettre exactement à M. le supérieur, à la rentrée et au fur et à mesure des réceptions, les noms des membres, préparent soigneusement les fêtes spéciales, avisent à leur donner un certain éclat, tâchent enfin de faire trouver aux enfants de l'honneur et du plaisir à en faire partie.

CÉRÉMONIES. — Chacun de MM. les professeurs chante la messe à son tour les jours de dimanche. Pour la messe de semaine, ces messieurs se distribuent, dès le commencement de l'année, en suivant l'ordre hiérarchique, les autels et les heures. Les présidents de l'étude du matin ont seuls droit, à titre d'emploi, à avoir un autel libre en descendant du dortoir.

Les servants de messe doivent être pris parmi les élèves les plus âgés et les plus sages, et leur choix agréé par M. le supérieur.

Les cérémonies sont faites, à tour de rôle, sur une liste officielle, par ceux de MM. les professeurs qui ne se tiennent point habituellement au lutrin.

C'est le maître des cérémonies qui dresse cette liste, la communique à temps, prépare les enfants de chœur, les forme au silence dans la sacristie, etc. Il se concerte avec

M. le supérieur pour les détails et les circonstances imprévues.

CHAPELLES ET SACRISTIE. — Le maître chargé de la surveillance des chapelles et de la sacristie prend soin que les ornements, calices, autels, etc., restent en bon état. Il fait renouveler ce qui est usé, réparer ce qui est détérioré, en se concertant avec M. l'économe.

Il dresse les listes de placement des élèves, les communique aux surveillants, s'assure par des inspections au moins trimestrielles que chacun garde la place assignée, et en donne une à ceux qui entrent dans le cours de l'année.

SURVEILLANCE DES SOIRS DE CONFESSION. — MM. les professeurs qui n'ont que peu ou point de pénitents, et à qui M. le supérieur a confié cette surveillance, doivent y attacher une très-grande importance. Ils peuvent, en se succédant exactement à cette surveillance, en l'étendant avec sollicitude à tous les détails d'ordre qu'elle comporte, aider un grand bien, empêcher beaucoup de mal.

BIBLIOTHÈQUE. — Le professeur qui en est chargé en garde la clef, tient un registre à la disposition des maîtres qui y entrent, afin que nul livre ne sorte sans être inscrit.

Il veille à ce que les volumes soient en état convenable et à leur place, en tient un catalogue et s'assure à la fin de l'année que tous ceux qui ont été pris sont rentrés : sinon, il les réclame.

Il réserve dans la bibliothèque un lieu spécial où sont conservés tous les documents intéressant l'histoire de la maison, les cahiers d'honneur, le Palmarès, les notes générales, etc.

LECTURE. — Le maître chargé de préparer la lecture du réfectoire doit la prévoir à temps afin d'éviter toute surprise et mettre rigoureusement entre parenthèses tous les passages qui pourraient, ne fût-ce que par un mot, éveiller l'attention d'une manière malsaine.

Musique. — M. le professeur de musique donne ses leçons aux heures fixées et connues des professeurs d'étude. Il n'en donne aucune les soirs de samedi et veilles de grandes fêtes, et ne fait aucune répétition prise sur l'étude sans l'agrément de M. le supérieur.

Il veille à ce que les élèves viennent directement de l'étude, s'y rendent de même, en employant les précautions prescrites pour les autres répétitions particulières. Il donne, au trimestre, une note générale de musique vocale et instrumentale à chacun de ses élèves.

Il se conforme à tous les principes généraux de surveillance énoncés dans ce directoire.

Il a soin que les offices soient très-bien chantés, dresse les enfants par des leçons particulières et générales à l'unité et à la régularité, prévoit les fêtes de la maison, fait préparer des morceaux, des cantiques pour les réunions et les fêtes, en un mot, donne à toute cette partie du culte la splendeur et l'édification qui conviennent à une maison d'éducation.

Dessin. — Le professeur de dessin donne lui-même le signal de ce cours. Il surveille attentivement le travail de ses élèves et n'autorise aucune habitude de dissipation.

Les fournitures sont faites sur une inscription de l'objet demandé formulée par l'élève, contresignée par le maître, et, pour les objets de quelque importance, par M. l'économe.

Toutes les mesures de surveillance générale le concernent.

DEUXIÈME PARTIE

DIRECTIONS PARTICULIÈRES

1. — ORDRE DES EXERCICES DE CHAQUE JOUR.

Lever à 5 h.; les vendredis et les lendemains de grands congés, 5 h. 1/2. — Prière, méditation, Messe à 5 h. 1/4; Etude. — Déjeuner à 7 h. 1/2. — Classe à 8 h. — Récréation à 10 h. — Etude à 10 h. 1/4. — Classe de musique vocale. — Chapelet à midi. — Dîner à midi 5 min.; récréation. — Etude à 1 h. 1/2. — Classe à 2 h. 1/2. — Goûter et récréation à 4 h. 1/2. — Etude à 5 h. — Souper à 7 h. — Récréation. — Prière et coucher.

2. — DIMANCHES ET FÊTES.

Messe de communion pour les grands à 5 h. 1/2; pour l'étude des petits, à 7 h.

8 h. 1/4, grand'messe.

Récréation.

Classe à 10 h. pour les élèves de latin à partir de la cinquième inclusivement et au-dessous, et pour les trois dernières classes de Français. — S'il y a congé, la classe sonne à 10 h. moins 1/4 et dure une 1/2 heure.

Vêpres à 2 h. Il peut y avoir congé après. — Etude à 5 h. — En été l'étude suit les Vêpres, et le congé se prend à 4 h. 1/2.

3. — JEUDI ET JOURS DE PROMENADES.

Le jeudi, en hiver, on dit le chapelet à 1 h. et l'on part pour la promenade jusqu'à 4 h. 1/2. — Les premiers jeudis après Pâques, il y a congé depuis le déjeuner jusqu'à 10 heures; classe, comme le dimanche, à 10 h. Le reste de la journée comme les jeudis d'hiver.

A partir du mois de mai, congé à Villefort. Les jeudis qui ne se passent pas à la campagne se passent comme les jeudis ordinaires le matin. Le soir, l'étude se fait de 1 h. 1/2 à 3 h.; après quoi on dit le chapelet et on prend la promenade.

Quand il y a congé le mardi, on va à l'étude jusqu'à 2 h., en classe de 2 h. à 3, en promenade de 3 à 5. En été, la classe est suivie d'une étude jusqu'à 4 h. 1/2 et la promenade n'a lieu qu'à la suite. Le mois de Marie précède alors cette étude.

4. — CATÉCHISME, CONGRÉGATIONS, etc.

Une fois au moins par semaine, cours d'instruction religieuse, et le samedi, à 4 h. 1/4, explication de l'Evangile. La conférence a ses réunions le dimanche à 5 h.; la congrégation de la sainte Vierge, le jeudi à 5 h.; et la congrégation des SS. Anges le mardi à 10 h. Les classes de chant se font au commencement de l'étude de 10 h. Les cours de mathématiques, partie pendant cette étude et pendant la classe du soir ; le dessin académique à 1 h., le dessin linéaire et l'écriture pendant la classe du soir.

5. — HEURE EN HIVER.

A partir du 15 novembre au 30 janvier, pour éviter l'obscurité à la fin de la classe du soir, on gagnera un quart d'heure comme il suit : Le chapelet se dit à midi moins 5. L'étude commence à 1 h. 25 ; la classe à 2 h. 20 ; le goûter sonne à 4 h. 1/4 et tous les exercices à partir de ce moment sont en avant d'un quart d'heure sur l'horloge.

6. — BÉNÉDICTION DU VENDREDI.

Le vendredi étant consacré à honorer solennellement le Sacré-Cœur dans la maison, il est à souhaiter que, ce jour-là particulièrement, l'adoration du S. Sacrement, à la chapelle, soit pratiquée par les élèves. Cette adoration est réglée par une liste approuvée de M. le supérieur et gardée en étude.

Le soir, la bénédiction avec le ciboire suit la prière.

7. — JOUR DE LA RENTRÉE.

Il est important que MM. les professeurs arrivent au moins la veille pour concerter leur action, recevoir les familles, etc. Le plus ancien professeur d'étude fait les placements ; les cinquièmes et les élèves de la 3e classe de Français ne sont admis dans la grande étude que sur avis de M. le supérieur. — MM. les présidents de dortoir reçoivent leur liste de

M. l'économe qui la dresse de concert avec M. le supérieur, et ne laissent faire aucun changement dans le dortoir.

Ils se montrent empressés et bienveillants pour les familles, dirigent les enfants dans leur petite installation, se répandent sur la cour à mesure que se fait la rentrée. A 6 h., il y a un salut solennel d'ouverture.

8. — LENDEMAIN DE LA RENTRÉE.

Lever à 6 h. — Déjeuner à 7. — Classe à 8, première composition double. Indication d'un devoir et de leçons pour le lendemain. — Etude à 11 h. — Promenade à 1 h. — Etude de 5 h. 1/2 à 6 1/2.

9. — TROISIÈME JOUR DE LA RENTRÉE.

Lever à 6 h. — Etude. — Déjeuner à 7 1/4. — Classe d'examen des leçons des vacances. — Etude à 10 h. 1/2. — Le soir, deuxième composition double. — Etude à 5 h. 1/2.

Les autres jours jusqu'au lundi comme le 3e, sauf l'étude du soir qui commence à 5 h. — Il n'y a pas de messe de communauté avant le dimanche. En classe, on achève les examens des vacances.

10. — PREMIER DIMANCHE DE L'ANNÉE.

On donne les places à l'église, à la chapelle; tout doit être parfaitement lancé dès ce jour.

11 — LE DÉBUT DE L'ANNÉE.

Dès la première classe, le professeur entre en rapports

avec ses nouveaux élèves, et fait en sorte que le travail commence *immédiatement*.

Pour éviter de longues stations à la porte de la librairie, il fait prendre lui-même les livres, en envoyant, séance tenante, la liste exacte des élèves qui les reçoivent.

Il est bon que le résultat des deux compositions soit connu le plus tôt possible. Il est opportun aussi que le travail écrit des vacances soit corrigé sans retard, et le résultat, avec celui de l'examen oral, transmis à M. le supérieur.

C'est au début d'une année surtout qu'il y a justice et charité à être particulièrement attentif et bon pour les enfants, à prévoir leurs petits chagrins, à les aider, à les encourager. Mais, dès la première heure, l'ordre doit être exigé ; les enfants y sont disposés, et on ne saurait trop tôt les établir dans un bon courant de discipline, de piété, de travail et de jeux. C'est donc une grande faute de commencer par de la faiblesse. Indulgence et bonté en face d'un enfant en particulier, fermeté et vigueur quand il s'agit de l'ordre général.

Les cours supplémentaires s'organisent dès la seconde semaine.

Le professeur doit se tenir en garde, au début de l'année, contre la tentation de trouver faibles les élèves qui lui arrivent et de le dire. Le mieux est de les prendre tels qu'ils sont, et, en leur faisant contracter sans retard des habitudes de travail et d'exactitude, de réparer le passé, s'il y a lieu.

12. — LA RETRAITE ANNUELLE.

Le temps de la retraite est un des plus précieux pour une maison d'éducation. MM. les professeurs doivent chercher à en assurer le fruit par leurs prières dès le commencement de l'année. Les observations suivantes les aideront à en seconder l'action quand l'heure en sera venue.

Il importe souverainement que les mouvements généraux, les entrées et les sorties, les passages d'un lieu à un autre, les points où, même en allant se confesser, les élèves peuvent se dissiper, soient *minutieusement surveillés*. Beaucoup de grâces peuvent être attachées à cette condition. Chacun de MM. les professeurs devra donc se tenir habituellement à un endroit où la surveillance aux différentes heures de mouvement lui sera facile. L'entrée et la sortie à l'exercice du soir sont particulièrement à surveiller.

Les élèves de l'étude des grands vont de préférence trouver leurs confesseurs à 10 heures ; les élèves de l'étude des petits à 3 h. et les externes à 5 h.

Pendant la première classe qui suit l'ouverture de la retraite on prend et on envoie immédiatemement à M. le supérieur la liste des enfants qui désirent s'adresser au prédicateur. Cette liste est communiquée par M. le supérieur aux présidents d'étude qui s'en servent pour régler les sorties, et aux confesseurs, afin qu'ils sachent le nombre de leurs pénitents.

Cependant, comme cette division ne peut être qu'une direction, MM. les confesseurs voudront bien, s'ils ont vu leurs pénitents de la grande étude avant la fin de l'étude du matin, *appeler par un billet leurs pénitents de l'étude des petits*, afin d'éviter les lacunes qui pourraient les mettre en retard. Si, au contraire, ils n'avaient pas le temps de recevoir à 3 heures leurs pénitents de l'étude des petits, qu'*ils veuillent bien en prévenir*, afin d'éviter l'encombrement. Toutes ces précautions sont importantes.

Il est inutile de recommander l'assistance aux exercices

généraux ; signalons cependant l'assistance à la méditation, le matin. Il faut éviter à tout prix que les enfants y soient *seuls* et mal surveillés.

Pendant ces jours, on fait trêve aux exercices purement classiques. Il faut pourtant occuper les classes et les études. Ces moments sont nécessaires, et, bien employés, ils contribuent au succès de la retraite.

Pendant les classes, on peut édifier les enfants et les diriger par de bons conseils, faire quelque lecture utile. Il ne semble pas avantageux de lire d'un bout à l'autre, et quoi que ce soit ; il sera bon aussi de se rendre compte du travail donné pour l'étude, d'expliquer les leçons d'instruction religieuse, de donner le résumé des instructions du prédicateur, d'en faire sentir le côté pratique, etc. Dans les classes d'enfants, on insiste sur la confession, sur les devoirs d'état, etc.

Les études peuvent être employées à apprendre de mémoire les parties du catéchisme relatives à la confession, et à la communion, les *prières usuelles*. On fera bien de s'assurer que les enfants savent leurs actes, leur *Pater* et *Ave*, leur *Souvenez-vous*; on peut interrompre de temps en temps la classe pour faire quelque bonne prière en commun.

Dans les classes supérieures, on peut dicter, donner à apprendre et à analyser de très-beaux passages des saints Livres, psaumes, prophéties, etc. ; il y a là une mine inépuisable, et quand, s'étant préparé soi-même, on fait à la prochaine classe apprécier les beautés morales et littéraires, on est presque sûr de captiver. On peut donner aussi l'analyse des instructions, mais il faut écarter tout devoir purement classique et du courant ordinaire des études.

Ce qui est très-important, et parfois décisif pour le succès de la retraite chez certains enfants, c'est de les amener à avoir leur petit *Mémorial de retraite*, sur lequel sont consignées, jour par jour, leurs meilleures impressions, et plus tard leurs résolutions. C'est un travail tout à part des résumés d'instructions qui peuvent être faits pour travail de classe ; il faut bien le faire comprendre aux jeunes gens.

Il doit toujours être entendu avec les élèves que leur première occupation à l'étude, c'est leur examen et leur confession. Si le devoir n'est pas complétement fait, il y a à tolérer, c'est justice ; il est même bon que les enfants soient fixés sur le caractère de ce travail d'étude, de peur que, se croyant en faute, ils ne s'excusent par un mensonge, ou fassent mal le tout, au lieu de s'appliquer suivant le temps qui leur reste.

Les lectures à l'étude restent soumises aux conditions ordinaires.

Dès le début on rappelle aux élèves les conditions de bonne tenue à la chapelle :

1º Eviter le mouvement incessant des pieds, qui fatigue.

2º Se gêner pour ne pas remuer et se moucher sans un très-grand besoin pendant l'instruction. En tout cas, le faire très-doucement et avec précaution.

3º Eviter absolument les bâillements qui partout et toujours sont des inconvenances.

4º Se tenir les bras croisés, les yeux fixés sur le prédicateur, ce qui favorise l'attention.

La veille de la clôture de la retraite, M. l'économe prévient les sœurs de donner du linge propre aux enfants.

Pendant la retraite, les externes font leur étude sous la surveillance de maîtres désignés par M. le supérieur, dans une salle où ils vont disposer leurs livres et prendre leurs rangs après chaque classe.

L'ordre des exercices est ordinairement le suivant : Lever à 5 h. 1/2. — Méditation, messe, déjeuner. — A 8 h., classe. — A 9 h., instruction suivie d'étude ; pendant le 1er quart d'heure de cette étude, les plus jeunes élèves sont mis en récréation. — A midi, dîner. — A 2 h., conférence suivie d'une 1/2 h. de classe. Etude. — A 4 h. 1/2, goûter. — A 5 h., étude. — A 6 h., chapelet, instruction et salut. — Souper. — Coucher.

13. — EXERCICES MENSUELS DE L'ARCHICONFRÉRIE.

Après Vêpres, *Venite exultemus* de S. Bonaventure. Prières aux intentions de l'Œuvre, allocution, cantique, 3 fois l'invocation à N.-D. de la Première-Communion avec l'oraison de sa fête. Salut.

14. — PREMIER CONGÉ DE VILLEFORT.

Lever à 5 h. 1/2. — Déjeuner à 7 h. — Classe de 7 h. 1/2 à 8 h. 1/4. — Préparatifs au dortoir. — Départ pour Villefort. — Goûter à 3 h. — Départ à 3 h. 1/2. — Etude à 5 h. 1/2. — Souper à 6 1/2.

Relire, aux articles *Promenade* et *Récréation*, ce qui concerne la maison de campagne.

15. — LE LENDEMAIN.

Lever à 5 h. 1/2. — Fin de la classe à 9 h. 1/2.

16. — FÊTES SECONDAIRES DE LA SAINTE VIERGE. SALUT APRÈS LA MESSE BASSE.

Quand il y a salut après la messe basse, par exemple

aux fêtes de la sainte Vierge, tous les professeurs s'y rendent au signal donné. Les assistants doivent pouvoir se trouver au pied de l'autel à la fin de la messe.

Les enfants qui désirent communier ces jours-là, peuvent se rendre à la messe de 5 h. 1/2, la messe précédant la classe.

17. — TOUSSAINT.

Première messe de communauté à 7 h. — Seconde messe à 8 h. 3/4. — Deux congés. — Pas de classe à 10 h.

18. — JOUR DES MORTS.

Classe de 7 h. 1/2 à 9 h. — A 9 h., messe solennelle.

19. — FÊTE DE SAINT STANISLAS DE KOSTKA.

Messe de communauté un peu plus solennelle. — Récréation à 9 h. 1/2. — Le soir, on illumine l'image du Saint, allocution et salut.

20. — PRÉSENTATION DE LA SAINTE VIERGE.

Messe à 7 h. 1/2. — Salut. — Présentation des premiers communiants, dont les noms ont dû être préparés sur une guirlande.

21. — SAINTE CÉCILE.

Il peut y avoir messe en musique. Les musiciens de la société chorale reçoivent du café après dîner.

22. — HIVER. — USAGE DES POÊLES. — GLACE.

Les élèves ne sont jamais autorisés à sortir de récréation, ni d'aucun exercice, pour aller allumer les poêles, chercher du bois, etc. C'est le domestique qui est chargé de ce soin, et c'est à lui qu'on s'adresse, quand il y a lieu.

MM. les professeurs doivent veiller à ce que les poêles ne restent pas garnis entre deux exercices séparés par un long intervalle.

Il faut veiller à ce que ni les externes, ni les pensionnaires, ne s'en fassent un prétexte pour se rendre subrepticement dans les appartements chauffés.

Quand il y a de la glace, il n'est pas défendu de glisser sur la cour et les ruisseaux ; mais il est formellement interdit, sous quelque prétexte que ce soit, de mettre le pied sur une rivière, un étang, ou une pêcherie. Il est également défendu de se lancer des boules de neige.

Par les temps de neige et surtout de dégel, MM. les professeurs veilleront à ce que les enfants ne se mettent point les pieds à l'eau et ne gardent point de chaussures humides.

23. — IMMACULÉE-CONCEPTION.

Cette fête se célèbre très-solennellement, et le jour où elle tombe. — La promenade du matin est précédée d'une 1/2 h. de classe.

24. — NOEL.

Les sacristains et le réglementaire peuvent être autorisés à assister à la messe de minuit : ils déjeunent ensuite.

A 6 h. 1/2, il y a deux messes basses de communauté, auxquelles doivent assister les externes. — Déjeuner au réfectoire, grand'messe à 9 h. — Point de classe. — Deux congés.

25. — VEILLE DU PREMIER JOUR DE L'AN.

Les élèves qui ont leur père ou mère, ou quelque autre ascendant habitant en ville, et ceux-là seulement, peuvent être autorisés par M. le supérieur à aller les visiter à midi et 1/2.

L'étude du soir doit se passer selon l'ordre ordinaire. Il faut particulièrement éviter toute sortie, et, ce soir et demain, toute occasion de rencontre avec les externes.

26. — PREMIER JOUR DE L'AN.

Si on s'est couché plus tard qu'à l'ordinaire, on peut ne se lever qu'à 5 h. 1/2.

A 7 h. 1/2, les pensionnaires peuvent visiter leurs maîtres; mais ils ne doivent ni s'attarder dans les dortoirs, ni stationner dans la petite cour, ni s'approcher du parloir où on ne les laisse aller ce jour-là absolument que sur l'appel *des parents*.

Les externes peuvent se présenter pendant la promenade.
Deux congés, sans classe.

27. — FÊTE DES ROIS.

Il y a classe le matin. Si les élèves demandent à faire *les rois*, ils peuvent être autorisés.

28. — JOURS DE SÉANCES ACADÉMIQUES OU AUTRES DANS LA SALLE.

Il est de tradition qu'un certain nombre de MM. les professeurs se placent parmi les élèves pour encourager le bon esprit. Il est convenable de faire les honneurs aux étrangers qui arrivent, de les placer. A la sortie, les maîtres se répandent un peu sur la cour et aux passages. M. l'économe veille à ce que, pendant ces réunions, les dortoirs, études, l'église, etc., soient bien fermés et les cours et passages bien éclairés.

Il s'entend avec M. le supérieur, pour que les enfants aient des places fixes et les gardent constamment. Il s'en assure en comparant avec la liste, et peut être aidé dans ce soin par un autre professeur.

29. — DIMANCHE APRÈS L'ÉPIPHANIE, FÊTE DE LA CONGRÉGATION DES SAINTS ANGES ET DE LA SAINTE ENFANCE.

Indulgence plénière, même pour les enfants qui n'ont pas fait leur première communion, pourvu qu'ils se confessent. — Messe pour l'œuvre de la Sainte-Enfance. — Après dîner, loterie. — Le soir, à 6 h., bénédiction des enfants, salut auquel assistent les externes.

30. — FÊTE DE SAINT FRANÇOIS DE SALES.

Les notes générales, établies par ordre de mérite, doivent être remises la veille après souper au plus tard, pour être transcrites sur le cahier *ad hoc*. La lecture en est faite solennellement 1/4 d'heure après la grand'messe : c'est un professeur désigné par le sort qui surveille les retenus pendant les promenades et la pièce. — La séance du soir a lieu vers 5 h. — (Voir ce qui concerne les séances académiques et autres.)

Le lendemain, lever à 5 h. 1/2. — Récréation à 9 h. 1/2.

31. — MERCREDI DES CENDRES.

Classe à 7 h. 1/2. Grand'messe à 9 h.

32. — CARÊME ET SEMAINE SAINTE.

La classe finit, les mercredis soir, à 4 h. — A 4 h. 1/2, instruction et salut.

A la première classe, chaque professeur recueille de ses élèves l'aumône pour la dispense du maigre et l'envoie à M. le supérieur.

Le dimanche des Rameaux, s'il y a place pour une heure d'étude, elle est consacrée pour les élèves de grammaire à la classe ordinaire du dimanche.

Les jeudi, vendredi et samedi saints, classe de 7 h. 1/2 à 9 h. — A 9 h., office. — Dîner à 11 h. 1/2.

Le jeudi soir, les élèves de la grande classe, et, le vendredi matin, ceux de la petite, six ou huit à la fois, par ordre de classe, sont autorisés à aller visiter le Saint-Sacrement.

Ce jour-là et le lendemain, avant la prière du soir, faite à l'église, on chante le *Stabat;* le vendredi soir, bénédiction de la vraie croix.

33. — FÊTE DE SAINT JOSEPH.

Offices comme aux grands jours. — Deux congés. — Classe de demi-heure à 10 h. moins 1/4. — On paie du café à la société chorale et aux musiciens.

34. — SAINT JOUR DE PAQUES.

Première messe à 7 h. — Déjeuner au réfectoire, grand' messe à 9 h. moins 1/4. — Deux congés sans classe. — Le soir, s'il fait beau, congé jusqu'à souper.

35. — LUNDI DE PAQUES.

Si le congé des omelettes est autorisé, déjeuner à 7 h. — Classe à 7 h. 1/2. — Préparatifs. — A 8 h. 1/2, départ. — On peut acheter des œufs par exception, mais dans les conditions portées à l'article *Promenades*. Le mieux est que la conférence ait fait à l'avance provision suffisante. — Goûter à 3 h. — Vente des œufs. — Jeux. — S'il fait beau, retour pour 6 h. 1/2 seulement.

36. — JEUDIS ENTRE PAQUES ET LE MOIS DE MAI.

Ces jeudis, les deux premiers au moins, se passent ainsi

pour faciliter les sorties, nombreuses à cette époque : à 7 h. 1/2, déjeuner; à 8 h., promenade. — 10 h., étude; classe comme les dimanches ordinaires. — Le reste du jour à l'ordinaire. — Les enfants étrangers peuvent être autorisés à sortir depuis le déjeuner jusqu'à 5 h. au moins, pourvu que ce soit avec leurs parents : sinon à midi.

Les sorties chez des parents ou des correspondants, domiciliés en ville, n'ont lieu qu'à midi.

37. — TROISIÈME DIMANCHE APRÈS PAQUES.

Fête de la société chorale et de celle de sainte Cécile.

Les sociétaires ont un dîner, auquel assistent un certain nombre de professeurs chargés de s'occuper d'eux. Le soir, s'il y a séance, souper à 6 h.

38. — CONGÉ DU DEUXIÈME TRIMESTRE.

Préparation et lecture des notes comme au premier trimestre. — Deux congés le dimanche.

Le lundi matin, après la messe, déjeuner au réfectoire. — Préparatif au dortoir. — Départ immédiat.

Il est important de ne distraire les enfants de l'ordre général sous aucun prétexte, de ne pas les laisser à eux-mêmes et d'avoir l'œil sur les divers mouvements de la matinée.

Le soir, goûter à 3 h. — Promenade; mois de Marie à 5 h. 1/2. — Souper à 6 h. — Retour pour 8 h.

39. — MOIS DE MARIE.

Les soirs du mois de Marie, la classe finit à 4 h. 1/4. Les

livres déposés à l'étude, on se rend immédiatement à l'église pour le mois de Marie. Le goûter et l'étude suivent avec leur longueur ordinaire, le souper étant ainsi retardé, s'il y a lieu.

Si la promenade se prend après l'étude, elle est précédée du mois de Marie.

40. — CONGÉS DE VILLEFORT.

L'étude se prolonge jusqu'à 8 h. — Après le déjeuner, départ. — Chapelet à 3 h. moins 1/4. — Promenade. — Souper à 6 h. — Toutes les promenades doivent arriver entre 8 h. 1/4 et 8 h. 1/2, au plus tard.

L'exercice du mois de Marie se fait à 5 h. 1/2.

Relire les observations concernant Villefort, aux articles *Récréations* et *Promenades*.

Si les bains sont autorisés un jour de congé, chaque professeur conduit sa classe. On emporte le goûter. Il y a certaines écluses interdites. Au retour des congés de Villefort, la roue de la pompe doit être enlevée.

41. — RETRAITE PRÉPARATOIRE A LA PREMIÈRE COMMUNION.

Cette retraite est suivie de droit par les premiers communiants et les renouvelants; M. le supérieur peut en accorder le privilége à quelques enfants, à qui elle est jugée utile, sans que leur présence soit nuisible. — On fait préparer plusieurs petits autels à la chapelle intérieure pour occuper les retraitants à de pieuses visites. Tous les exercices religieux de la communauté se font à la grande église.

L'ordre de la retraite est le suivant :

Réunion d'ouverture la veille, placement des enfants, premiers avis.

Après le lever, prière, méditation, sainte messe. — Récitation de quelques litanies pendant l'action de grâces du prêtre, avis, *Benedicite*. Le déjeuner se prend au sortir de la chapelle, et peut être avancé d'un quart d'heure ou demi-heure. Les retraitants restent alors sous les arbres, devant la sainte Vierge, pour ne pas déranger les études.

A 8 h., on monte à la chapelle.

A 10 h. 1/4, après la récréation, on sort une petite demi-heure.

Rentrée.

La récréation d'après dîner peut se prendre à part, et les enfants ne rentrer que vers 2 h. — Ils assistent au mois de Marie, sinon on peut les envoyer un quart d'heure plus tôt en récréation, en ayant soin qu'ils aillent en silence loin des classes.

La prière du soir se fait à part.

Le dernier jour, à 2 h., exercice pour la cérémonie du lendemain.

Pendant la retraite, il faut parler souvent, affectueusement et vivement, aux enfants, mais pas longtemps chaque fois, environ toutes les heures. — Les intervalles sont consacrés aux examens, aux confessions, à de pieuses visites, au chemin de la croix. Quelques exercices communs de temps en temps, par des litanies, des cantiques, etc., pour renouveler l'attention; mais faire faire beaucoup aux enfants d'eux-mêmes.

La veille de la première communion, les retraitants prennent leur goûter pendant la dernière partie de la classe ; et pendant le goûter ces élèves se tiennent à la chapelle, achevant leur préparation ; ils sont admis, avant tous leurs condisciples, chez les confesseurs. Ils profitent de la soirée pour écrire au net leurs résolutions, qu'ils ont dû préparer pendant la journée, et les remettent sous une enveloppe cachetée portant leurs noms.

Les écharpes, les cierges, la toilette corporelle des enfants, pieds, cheveux, etc., ont dû être préparés avant la retraite; ils doivent savoir la formule de rénovation des promesses, et être très-instruits sur tous les mouvements de la journée.

Le maître des cérémonies fait placer la veille les sièges, les tapis, les chandeliers pour les premiers communiants, les bancs réservés aux renouvelants, la bannière, les soutanes des enfants de chœur, etc.

42. — VEILLE DE LA FÊTE DE NOTRE-DAME DE LA PREMIÈRE COMMUNION.

Goûter à 4 h. — Etude à 4 h. 1/2. — Souper à 6 1/2.

Notre-Dame de la Première Communion étant constituée officiellement gardienne et supérieure du petit séminaire, on lui souhaite la fête solennellement.

Un bouquet préparé d'avance lui est offert par les premiers communiants. Après le chant d'un cantique et une allocution, on donne le salut, qui doit être court pour ne pas fatiguer les enfants, mais solennel. — Cette cérémonie a lieu à 8 h.

43. — FÊTE DE NOTRE-DAME DE LA PREMIÈRE COMMUNION.

Après la méditation très-courte du matin et une messe

entendue, presque toujours assis, les retraitants sont menés dans les parterres ; ils profitent de ce temps pour prendre leurs précautions, rentrent dans la salle et de là, une demi-heure avant la cérémonie, se rendent à la chapelle pour les derniers préparatifs. — Ils descendent vers 7 h. processionnellement par la grande porte, précédés de la croix et de la bannière, et se rangent en cercle autour de l'autel pendant le chant du *Lætatus sum* et de l'invocation, suivi de l'oraison de la fête, déposent leurs résolutions dans une corbeille, et prennent leurs places.

La communauté a dû entrer à l'église avant eux. — Un prêtre récite les actes. — Après la messe, immédiatement salut qui tient lieu d'action de grâces.

Les retraitants ont ensemble un petit déjeuner.

La communauté va en promenade.

A 10 h. 1/4, messe solennelle. — Les premiers communiants dînent à la table de MM. les professeurs. — Vêpres à 2 h. 1/2 suivies de la rénovation des promesses, à l'autel environné de tous les prêtres présents. — A 7 h., salut, consécration à la sainte Vierge. S'il n'y a point fête sur la cour, on soupe à 6 1/2 et le salut à 8 h.

Le lendemain, les retraitants se rendent encore à la chapelle, entendent la messe, reçoivent quelques avis, et emportent leurs livres, etc. Si le grand congé de la fête est ce jour-là, ils reviennent le lendemain matin. On donne par exception les enfants aux familles venues pour la première communion.

Ce congé se prend comme le grand congé trimestriel. — Le lendemain, récréation à 9 h. 1/2.

44. — FÊTE-DIEU.

Le premier dimanche dans les années impaires, une messe basse remplace la grand'messe, parce que la procession sort du château. Les années paires, on chante la grand'messe à l'ordinaire, et on renferme le Saint-Sacrement : il en est toujours ainsi le second dimanche. On prépare pour la cérémonie du matin des enfants ne faisant point partie des anges.

Les anges seuls assistent à la procession. Il y a classe et étude à 10 h. — Récréation après midi, dîner au retour des enfants. — Les vêpres se chantent vers 2 h. 1/2.

Chaque soir de la semaine, salut vers 8 h. 1/4. — Surveiller, à la sortie, la cour, les escaliers et les passages, suivant la position de la chambre qu'on occupe.

Le deuxième dimanche, les vêpres sont à 4 h.; et la maison assiste à la procession du soir. — Les prêtres désignés pour prendre des ornements se revêtent immédiatement après vêpres, et les élèves vont un instant sur la cour; au tintement de la cloche, ils y prennent leurs rangs de promenade en commençant par les externes, et se rendent à leur place dans la procession, en traversant l'église.

45. — SAINT LOUIS DE GONZAGUE.

Fête patronale secondaire. — Offices des dimanches. — 2 congés. — Point de classe à 10 h.

46. — SAINT VINCENT DE PAUL.

Messe à 7 h.; salut. — Déjeuner. — Classe. — Séance à 6 h.

47. — DERNIER DIMANCHE. — NOTRE-DAME DES ANGES.

A 7 h., messe de communion. — Grand'messe à 9 h. moins 1/4. — Le soir, exercice mensuel.

48. — CONCOURS.

Les concours doivent être disposés de manière à maintenir l'ardeur du travail le plus tard possible. Il ne faut donc pas les commencer trop tôt, et l'on doit laisser pour les derniers jours les matières qui sont les dernières dans le palmarès.

Un professeur ne doit pas tenir compte des concours dans la disposition de sa classe et la distribution du travail. Les leçons et le devoir doivent être les mêmes pour tous les élèves. C'est donc une faute de laisser du temps libre pour étudier les concours. Les concours sont un travail spontané et de surérogation que s'imposent les élèves désireux du succès; c'est à eux de s'y prendre à temps. Le professeur ne s'en occupe que pour les interroger, et le mieux serait d'en faire des séances en dehors des heures de classe.

49. — DERNIERS JOURS DE L'ANNÉE.

MM. les professeurs doivent redoubler de vigilance et d'efforts, à la fin de l'année, pour entretenir dans leur classe le travail, et, dans leurs élèves, le respect et le bon esprit jusqu'au bout.

Ils doivent éviter tout ce qui pourrait laisser croire aux élèves que l'année est finie avant la dernière heure. Des devoirs bien choisis, variés, des compositions attrayantes seront donnés jusqu'au bout et corrigés. Il en est de même pour les leçons.

Aucun livre ne sera prêté pour *tuer le temps* à l'étude, et, afin que cela soit bien entendu, M. le supérieur fait saisir durant les 8 derniers jours, tout livre surpris dans les mains ou le bureau d'un élève, sans son autorisation. En nourrissant l'appétit de lecture, on peut obtenir un certain calme; mais le démon travaille dans ce calme.

MM. les confesseurs doivent particulièrement se préoccuper de leurs pénitents, les préparer à une bonne confession, les armer de résolutions très-pratiques.

A ces derniers jours, la bienveillance doit dominer plus que jamais tous les rapports avec les élèves, mais sans aucune faiblesse. On peut relire les conseils donnés pour les débuts de l'année. Les situations ont une certaine parité.

L'examen trimestriel se passe le dernier jour de classe. Tout le monde doit le subir intégralement. Il faut bien avertir les élèves que ces notes, si elles ne sont pas prises le jour de la sortie, seront envoyées aux familles, et, par conséquent méritent leur attention.

50. — RÈGLES A SUIVRE POUR LA DISTRIBUTION DES PRIX.

Il ne peut y avoir pour la distribution des récompenses qu'une seule méthode. En voici les bases essentielles :

1º *Excellence.*

Les compositions de toute l'année, doubles à la fin des deux premiers trimestres, triples à la fin du troisième, comptent pour deux tiers ; les notes des répétitions résumant le travail de l'année forment le troisième tiers. En cas de doute, on recourt aux places des examens trimestriels.

2º *Langue latine.*

Dans les classes de rhétorique et de seconde, ce prix se donne uniquement d'après les compositions, en tenant compte, dans le doute, des notes de devoirs et d'explications.

Dans les classes de grammaire, les compositions comptent pour deux tiers, et les notes d'explication, de devoir et de grammaire, pour un tiers. Dans les classes de sixième et au-dessous, il convient de faire compter ces derniers éléments pour moitié, ainsi que dans la 4ᵉ classe de français, l'étude et l'application quotidienne des préceptes étant d'une très-haute importance.

3º *Langue grecque.*

Les bases à suivre sont les mêmes que pour la langue latine.

4º *Discours, Narration, etc.*

Les récompenses sont déterminées, pour deux grands tiers, par la composition ; pour un tiers, par les devoirs de la classe, en tenant compte de l'étude des modèles et des préceptes.

5º *Langue française.*

Les bases posées en établissant ce prix, sont les suivantes : préceptes de grammaire française, 1/3. — Compositions en orthographe, analyse, etc., 2/3, en tenant compte dans le premier tiers des exercices de mémoire, et dans les deux autres des devoirs quotidiens.

6º *Instruction religieuse.*

Compositions, 1/3. — Notes de récitation de l'année, 1/3. — Concours, 1/3, en tenant compte, dans le doute, des rédactions qui ont dû être faites en classe.

7º *Sciences mathématiques, etc.*

Même méthode que pour l'instruction religieuse, en tenant compte des devoirs de l'année.

8º *Matières de mémoire.*
(*Histoire, histoire naturelle, etc.*)

Il a été réglé en conseil (1873), que les notes de l'année compteraient pour moitié, et celle du concours pour une autre moitié, en donnant, en cas de doute, la prédominance au concours.

9º *Principes généraux.*

Il y a des principes généraux dont il n'est pas convenable de s'écarter. En le faisant, on donne occasion aux élèves de récriminer et d'établir des comparaisons odieuses entre les professeurs.

En ce qui concerne le *nombre* des prix pour chaque matière, on suivra désormais comme base les tableaux suivants :

(A)

Excellence.
Langue française.
Langue latine.
Langue grecque.
Dissertation.
Discours.
Narration.
Lettres.
Orthographe.

} Au-dessous de 10 élèves, sauf en philosophie, 1 prix et 3 couronnes; à 10 élèves et au-dessus, 2 prix et 3 couronnes; avec 15 élèves, 3 prix et 4 couronnes; avec 20 élèves, 4 prix et 5 couronnes.

(B)

Instruction religieuse, histoire et géographie, exercice de mémoire, calcul.

} A 5 concurrents, 2 prix; à 7 concurrents, 3 prix; au-dessous de 5 concurrents, 1 prix; A 10 concurrents, 4 prix.

(C)

Sciences mathématiques.
— physiques.
— naturelles.

} Jamais plus de 2 prix.

(D)

Tenue des livres.
Droit usuel.
Langues vivantes.

} A 4 concurrents, 1 prix; à 6 concurrents, 2 prix.

Cette répartition des récompenses, proportionnelle au nombre des élèves et des concurrents, est suffisante pour encourager les efforts et récompenser toutes les bonnes volontés. Il ne sera donc plus permis désormais de faire d'*ex-æquo pour les prix*, à moins que ce ne soit pour rapprocher en un seul deux prix qui pourraient être distincts.

Par *concurrent* dans ces règles, il ne faut point entendre tout élève qui se présenterait tant bien que mal au concours, mais seulement les *concurrents sérieux*, c'est-à-dire les élèves qui arrivent au succès dans les conditions ci-dessous énoncées.

Il est en effet de l'intérêt des études de laisser aux récompenses leur valeur et de se tenir en garde contre le besoin de récompenser tout le monde.

On écartera donc de la liste des *prix* les élèves dont la moyenne de travail pour la spécialité en question n'est pas à la hauteur du *très-bien*, et de la nomenclature des *couronnes*, l'élève dont la moyenne n'arrive pas à *bien*, et partant, ces derniers ne seront pas considérés comme *concurrents* sérieux, au sens que demandent les règles posées ci-dessus.

De même, si un élève ayant de bonnes places pour les compositions, était *nul* ou à peu près pour la partie orale ou le concours qui entre en ligne de compte pour la matière où il a eu des succès, il ne devrait pas être récompensé.

Il a été réglé que le fait d'avoir obtenu un prix de travail de vacances, n'ôtait pas le droit à un prix d'accessit. Par concession favorable aux élèves, la mention pour le travail des vacances est au contraire admise parmi les nominations qui donnent droit à un prix d'accessit.

Un prix d'accessit est donné pour chaque série de quatre mentions obtenues par l'élève, s'il ne se trouve parmi toutes ses nominations aucun prix.

51. — VEILLE ET JOUR DE LA SORTIE.

La veille de la sortie, l'étude du matin finit à 6 h. 1/2. A 7 h. 1/2, classe. Bien que cette classe doive avoir un caractère spécial, il serait très-fâcheux de la laisser comme se transformer en une scène de dissipation. Un professeur a mille manières d'intéresser jusqu'à la fin ses élèves et de leur être utile. C'est le moment de donner le travail des vacances.

A 8 h. 1/2, récréation. A 9 h., on assiste au service annuel pour les morts de la maison.

Immédiatement après le service, on entre aux études où doit se tenir, tout le temps du déménagement, un de MM. les présidents. L'étude, à leur départ, doit être rigoureusement fermée, et rester constamment fermée pendant ces dernières heures. C'est à chacun d'y veiller.

MM. les présidents de dortoir sont aussi, de 10 h. à midi, dans leurs dortoirs respectifs.

Il importe surtout, à une fin d'année, d'appliquer ce principe élémentaire, que la surveillance regarde tout le monde; on la rend ainsi plus commode à ceux qui l'exercent d'office.

Au signal donné à 2 h., on se rend en promenade à la mairie, où MM. les professeurs désignés voudront bien faire disposer des bancs pour les élèves, et les placer. La surveillance est faite par les deux plus anciens professeurs de chaque section.

En sortant, on a soin de bien laisser se former les rangs, et de s'échelonner sur le passage, dans le vestibule et la cour, et à la porte; on revient par les fossés et la place du Château.

Au retour, on distribue le goûter sur la cour ou dans la salle, et on se rend en promenade.

Si Monseigneur arrive, à une heure indiquée, toutes les sections se trouvent échelonnées, à peu de distance l'une de l'autre, prêtes à prendre leurs rangs, au premier signal, sur la route, à moins qu'on ne se réunisse au collége.

A ce signal, les deux dernières sections se rapprochent de celle des petits, de manière à former deux lignes continues disposées de chaque côté de la route.

On rentre en rangs et on se rend dans la salle pour la réception de Sa Grandeur.

Il est convenable, immédiatement après, que MM. les professeurs se trouvent groupés pour se présenter à Monseigneur, s'il désire les recevoir.

Il y a intérêt pour l'ordre à ce que ceux qui sont libres soient présents à la dernière récréation du soir ; il serait aussi désirable que la dernière promenade fût présidée par un des anciens dans chaque section. Cette attention peut éviter des ennuis, pénibles pour tous quand ils se produisent.

Le matin de la sortie, MM. les professeurs chargés de la surveillance voudront bien se concerter, se diviser le travail. Il ne faut pas perdre de vue les dortoirs, les parterres la salle de récréation ; on fait condamner les fenêtres de la salle et fermer les greniers, les portes des études et de l'église. MM. les professeurs chargés des chaises voudront bien s'adjoindre à eux suivant les besoins. Pendant la messe de Monseigneur, il est bon de faire une visite un peu générale pour s'assurer que personne n'échappe.

Il y a à 6 h. 1/2, au réfectoire, une distribution de déjeuner, pour ceux qui veulent le prendre. A 7 h., messe ordinairement suivie du salut et à laquelle on assiste, sauf le cas d'impossibilité. A 8 h. 1/2, déjeuner. A 9 h. 1/2, solennité de la distribution.

MM. les professeurs se mêlent aux élèves pendant la cérémonie ; ceux qui sont de surveillance organisent entre eux une visite au moins sur les cours et dans les dortoirs.

La vigilance doit être affectueuse et calme ; il faut éviter les conflits à tout prix.

C'est une tradition de faire très-cordial accueil aux familles, aux prêtres, aux étrangers. Le matin, chacun invite les prêtres au déjeuner, leur indique le dîner pour demi-heure ou un quart d'heure après la distribution.

A dîner, MM. les professeurs n'abandonnent pas les convives à eux-mêmes, ils les prient de s'avancer, et se disséminent sur divers points de la table, chacun plaçant, autant que possible, les doyens et anciens au milieu de la table, et les autres autour de soi. Ils veillent aussi à ce que, à table, tout le monde soit servi ; il est bon que les professeurs arrivent des premiers et se divisent un peu la table.

Chacun a dû désigner un élève chargé de prendre les palmarès de sa classe chez M. le supérieur, après la distribution.

52. — VACANCES.

MM. les professeurs ont le droit, pendant les vacances, de considérer la maison comme une demeure paternelle et de jouir de tous les avantages qui résultent de cette situation.

Ils ne regardent point leur tâche comme accomplie avec la

fin de l'année. Ils accompagnent les élèves de leurs prières et, s'ils le peuvent, de leurs conseils. Par des relations fraternelles avec le clergé, par des rapports affectueux et discrets avec les familles, ils s'attachent à conserver à la maison la sympathie de tous. Ils se préoccupent, dans leurs voyages et autour d'eux, de sa reconstitution, et ne perdent point de vue que cette œuvre est l'œuvre de tous.

Heureuse la maison dont tous les maîtres, de loin comme de près, se sentent unis entre eux, et à leur commun foyer, par des liens vivants et sacrés! Heureux, si, après les heures du repos, venant ensemble reprendre la direction d'une jeunesse nombreuse attirée par leur zèle, leurs talents, leur vertu, ils peuvent redire le cantique du prophète : *Ecce quam bonum et quam jucundum habitare fratres in unum.* *Amen.*

FIN.

NOTE SUPPLÉMENTAIRE
concernant la correction des Devoirs.

La Méthode indiquée par le Directoire pourrait avoir l'inconvénient de laisser douter aux élèves si leurs copies sont, en dehors de la classe, l'objet de la correction du professeur, ce qui serait fâcheux. On devra donc, à la suite de la correction publique et avant la dictée du corrigé, faire lire intégralement, en signalant les fautes au fur et à mesure, un quart ou un tiers des copies. Si le professeur peut remettre aux élèves un certain nombre de ces copies annotées de sa main dans sa chambre, il est sûr d'exciter leur confiance et de leur offrir un puissant encouragement.

TABLE DES MATIÈRES

PREMIÈRE PARTIE.
Directions générales.

	Pages.
CHAPITRE I. Rapports généraux	1
— II. Principes généraux de surveillance	10
— III. De l'autorité et de son exercice	13
— IV. De la surveillance générale	16
— V. De la présidence des exercices religieux	17
— VI. De la présidence de l'étude	19
— VII. De la présidence de la classe	23
— VIII. De la présidence du dortoir	33
— IX. De la présidence du réfectoire	36
— X. De la présidence des récréations	38
— XI. De la présidence des promenades	42
— XII. De l'économat	45
— XIII. Fonctions diverses	51

DEUXIÈME PARTIE.
Directions particulières.

1. — Ordre des exercices de chaque jour	55
2. — Dimanches et fêtes	55
3. — Jeudi et jours de promenades	56
4. — Catéchisme, congrégations, etc.	56
5. — Heure en hiver	57
6. — Bénédiction du vendredi	57

	Pages.
7. — Jour de la rentrée...	57
8. — Lendemain de la rentrée...	58
9. — Troisième jour de la rentrée...	58
10. — Premier dimanche de l'année...	58
11. — Le début de l'année...	58
12. — La retraite annuelle...	59
13. — Exercices mensuels de l'Archiconfrérie...	63
14. — Premier congé de Villefort...	63
15. — Le lendemain...	63
16. — Fêtes secondaires de la sainte Vierge. Salut après la messe basse...	63
17. — Toussaint...	64
18. — Jour des morts...	64
19. — Fête de saint Stanislas de Kostka...	64
20. — Présentation de la sainte Vierge...	64
21. — Sainte Cécile...	64
22. — Hiver. — Usage des poêles. — Glace...	65
23. — Immaculée-Conception...	65
24. — Noël...	66
25. — Veille du premier jour de l'an...	66
26. — Premier jour de l'an...	66
27. — Fête des rois...	67
28. — Jours de séances académiques ou autres dans la salle...	67
29. — Dimanche après l'Épiphanie, fête de la congrégation des saints Anges et de la sainte Enfance...	67
30. — Fête de saint François de Sales...	68
31. — Mercredi des Cendres...	68
32. — Carême et Semaine sainte...	68
33. — Fête de saint Joseph...	69
34. — Saint jour de Pâques...	69

	Pages.
35. — Lundi de Pâques...............................	69
36. — Jeudis entre Pâques et le mois de Mai.........	69
37. — Troisième dimanche après Pâques............	70
38. — Congé du deuxième trimestre.................	70
39. — Mois de Marie................................	70
40. — Congés de Villefort..........................	71
41. — Retraite préparatoire à la première communion.	71
42. — Veille de la fête de Notre-Dame de la Première Communion....................................	73
43. — Fête de Notre-Dame de la Première Communion.	73
44. — Fête-Dieu....................................	75
45. — Saint Louis de Gonzague.....................	75
46. — Saint Vincent de Paul........................	76
46. — Dernier dimanche. — Notre-Dame des Anges...	76
48. — Concours....................................	76
49. — Derniers jours de l'année....................	76
50. — Règles à suivre pour la distribution des prix...	77
. . — Veille et jour de la sortie...................	82
52. — Vacances....................................	84
53. — Note supplémentaire concernant la correction des Devoirs.......................................	86

BAR-LE-DUC. — TYPOGRAPHIE DES CÉLESTINS, BERTRAND.

www.ingramcontent.com/pod-product-compliance
Lightning Source LLC
Chambersburg PA
CBHW070317100426
42743CB00011B/2461